Meditation leicht gemacht

Wie du maximale Entspannung findest, Stress bewältigst und Ängste löst.

Meditieren lernen mit 10 abwechslungsreichen Meditationen für mehr Energie & Glück

Prof. Dr. Detlef Beeker

Prof. Dr. Detlef Beeker
Glückswissenschaftler

Prof. Dr. Detlef Beeker

GENIUS BOOKS

Auflage 1; 2020

"Prof. Beekers tiefes Verständnis für Meditation und seine *Get-It-Done-Methode* haben zu einem der besten praktischen Meditationsbücher geführt, die ich je gesehen habe. Es ist ein Muss für jeden, der wirklich meditieren möchte, und für diejenigen, die ihre Praxis auffrischen wollen." – **Patrick Lynen, Bestseller Autor**

„Prof. Beekers Buch geht über normale Meditationsbücher hinaus: Es werden nicht nur zahlreiche faszinierende Meditationen in Schritt-für-Schritt-Anleitungen dargereicht, sondern, und das ist viel wichtiger: Es wird genau erklärt, wie du eine lebenslange Meditationspraxis aufbauen kannst. Für Anfänger und Fortgeschrittene ein Gewinn" – **Som Bathla, Bestseller Autor**

„Mehr als dieses Meditationsbuch braucht man nicht. Es ist umfassend, einfühlsam geschrieben und bodenständig. Man muss nicht stundenlang im anstrengenden Lotussitz seine Beine verrenken, nein, es geht allein darum, inneren Frieden auf die denkbar einfachste Art und Weise zu finden. Das gelingt Detlef Beeker in diesem Buch ganz wunderbar." – **John Weiler, Bestseller Autor**

Prof. Dr. Detlef Beeker

info@genius-books.de

GENIUS BOOKS

Auflage 1; 2020

ISBN: 978-3-96709-015-4

Inhaltsverzeichnis

Inhaltsverzeichnis **3**
Geschenk **6**
Meditation ist erholsamer als Urlaub **8**
Dieses Buch ist anders 9
Wie du am meisten aus diesem Buch herausholst 11
Heute noch meditieren? Die Abkürzung für Eilige 13
Die 10%-Regel und der High-Impact-Ansatz 14
Kurze Zusammenfassung 16
Wie ich zur Meditation kam **16**
TEIL 1: MEDITATION DIE EIERLEGENDE WOLLMILCHSAU **19**
Meditation ist wie Ping Pong **20**
Was Meditation ist und warum es funktioniert 20
Meditation: Verblüffende Studienergebnisse 26
Besonderes und Gutes der Meditation 28
Warum meditieren nur so wenige? 29
Kurze Zusammenfassung 30
Was du zum Meditieren brauchst (nicht viel) **31**
Umgebung 31
Meditationsplatz 32
Meditationskissen und Timer 32
Sitzhaltung 33
Mudras 34
Kurze Zusammenfassung 36
M.A.U.S: Die Formel für meisterhafte Meditation **37**
Kurze Zusammenfassung 41
Audio-Meditation zum Gratis Download **42**
TEIL 2: 10 GENIALE MEDITATIONEN **44**
Tag 1 Atem-Meditation **45**
Was es ist 46
Was du davon haben wirst 48
Aktionsplan 49
Ressourcen 51
Kurze Zusammenfassung 52
Tag 2 Achtsames Essen **52**
Was es ist 53
Was du davon haben wirst 54
Aktionsplan 54
Ressourcen 56

Kurze Zusammenfassung 56
Tag 3 Mantra-Meditation 57
Was es ist 57
Was du davon haben wirst 60
Aktionsplan: Die Easy-Meditation 60
Ressourcen 62
Kurze Zusammenfassung 62
Tag 4 Body-Scan 63
Was es ist 63
Was du davon haben wirst 66
Aktionsplan 67
Ressourcen 70
Kurze Zusammenfassung 70
Tag 5 Achtsames Gehen 71
Was es ist 71
Was du davon haben wirst 73
Aktionsplan 76
Ressourcen 77
Kurze Zusammenfassung 77
Tag 6 Kirtan Kriya Meditation 78
Was es ist 78
Was du davon haben wirst 80
Aktionsplan 81
Ressourcen 84
Kurze Zusammenfassung 84
Tag 7 Kundalini-Meditation 84
Was es ist 85
Was du davon haben wirst 87
Aktionsplan 88
Kurze Zusammenfassung 91
Tag 8 Energie-Meditation 92
Was es ist 92
Was du davon haben wirst 95
Aktionsplan 95
Kurze Zusammenfassung 98
Tag 9 Liebende-Güte-Meditation 99
Was es ist 99
Was du davon haben wirst 100
Aktionslan 103
Kurze Zusammenfassung 109
Tag 10 Analytische Meditation 109

Was es ist ... 109
Was du davon haben wirst ... 114
Aktionsplan ... 116
Kurze Zusammenfassung ... 120
TEIL 3: MEDITATION FÜR'S LEBEN ... 120
Die geniale Get-it-Done-Methode: 4 einfache Schritte zu einer lebenslangen Mediationspraxis ... 120
Hacks für eine langfristige Meditationspraxis ... 121
Was eine Durststrecke und warum sie der Schlüssel ist ... 123
Taktik #1: Mini-Gewohnheiten und Meditation ... 125
Taktik #2: Motivation ... 129
Taktik #3: Willensstärke ... 130
Die 4 einfachen Schritte ... 133
Kurze Zusammenfassung ... 137
Bonus: Eine Mini-Meditationen für Zwischendurch ... 138
Audio-Meditation zum Gratis Download ... 141
Zusammenfassung ... 142
Über den Autor ... 143
Ein kleines Anliegen ... 144
Impressum ... 145

Geschenk

"Das deutlichste Anzeichen von Weisheit ist anhaltende gute Laune." – Michel de Montaigne

Schön, dass du in meinem Buch blätterst. Möchtest du glücklicher werden und Stress abbauen? Möchtest du topaktuelle Artikel und meine neuen Bücher für nur 99 Cent erhalten? Dann melde dich jetzt gleich für meinen **Newsletter** an! Als Gegenleistung erhältst du das Buch: "**18 überraschende Gute-Laune-Tipps**" (60 Seiten).

Ja, ich möchte Buch & Newsletter (klick!)

Erinnerst du dich noch daran, wie es war, als du das letzte Mal verliebt warst? War nicht plötzlich alles schön? Wie wundervoll der blaue Himmel aussah, mit seinen weißen Wolken, ja sogar Regen konntest du genießen. Was wäre, wenn du diese gute Laune jederzeit haben könntest?

Worauf du dich in diesem Buch freuen kannst...

- Drücke diese Körperstellen und dein Stress löst sich auf, deine gute Laune steigt und deine Gesundheit verbessert sich.

- Diese bewährten Mental-Taktiken werden dich in **Sekunden in gute Laune** versetzen.
- Diese **geheimen Yoga-Techniken** lassen deine gute Laune mühelos ansteigen.
- Welches **unbekannte Musikstück** ist, wissenschaftlich erwiesen, der beste Stresslöser?
- Was du von James Bond lernen kannst und wie dies wiederum dir Entspannung und Selbstvertrauen gibt.
- Wie du dich in nur **10 Sekunden entspannen** kannst.
- Praktiziere diese verblüffende Technik und werde **frisch und vitalisiert**.
- Welche **Apps** sind die besten, um deinen Stress zu lindern und dir Entspannung und Gelassenheit zu schenken?
- Der neuste Trend: Der **Fidget Cube** und wie er wirkt.
- Bonus: Die **neue Generation** der *Gute-Laune-Techniken*

und vieles mehr.

Lade dieses Buch **JETZT** runter, damit du mit Hilfe der besten Techniken garantiert mehr Freude, Gelassenheit und Glück haben wirst.

Ja, ich möchte Buch & Newsletter (klick!)

Meditation ist erholsamer als Urlaub

„Meditation ist einfach nur Gehirntraining." – Dan Harris

Stell dir vor, wie es wäre, wenn du auch im Alltag so entspannt wie im Urlaub sein kannst. Kannst du dir vorstellen, wie es wäre, wenn du jederzeit gelassen bleiben kannst in der Hektik des Alltags?

Diese Gelassenheit ist nur ein paar Tage entfernt. Es gibt eine magische Pille, welche das erreichen kann und sie hat keine Nebenwirkungen:

„Die Pille existiert. Es ist Meditation."
– Jonathan Haidt

Es kommt noch besser: Studien haben bewiesen, dass Meditation sogar noch erholsamer ist als Urlaub.[1]

Hier ist der Beweis, dass Meditation auch bei dir funktioniert

Es gibt über **3.000 wissenschaftliche Studien** über die Vorteile von Meditation.

Sie hat unter anderem folgende erstaunliche positive Effekte...

- Stress wird deutlich gesenkt.[2]
- Ängste und Panikstörungen können wesentlich verbessert werden.[3]
- Meditation lindert Schmerzen besser als Morphine.[4]
- Depressionen werden abgebaut.[5]
- Meditation macht dich gesünder.[6]

---

[1] https://www.ncbi.nlm.nih.gov/pubmed/27576169.
[2] https://ajp.psychiatryonline.org/doi/abs/10.1176/ajp.149.7.936.
[3] https://ajp.psychiatryonline.org/doi/abs/10.1176/ajp.149.7.936.
[4] "Wir fanden einen großen Effekt - etwa eine 40-prozentige Reduzierung der Schmerzintensität und eine 57-prozentige Reduzierung der Schmerzunannehmlichkeit. Meditation führte zu einer stärkeren Schmerzreduktion als sogar Morphium." – Fadel Zeidan, Ph.D. https://www.forbes.com/sites/alexknapp/2011/04/07/meditation-leads-to-greater-pain-relief-than-morphine/#4270643b27a2.
[5] https://www.sciencedirect.com/science/article/pii/S0272735811000973.
[6] http://www.annfammed.org/content/10/4/337.

- Schlafprobleme werden signifikant gemindert.[1]
- Freude und andere positive Gefühle nehmen zu.[2]
- insgesamt sind 76 positive Effekte nachgewiesen worden.

Die gute Nachricht: Wir müssen gar nicht tausende von Stunden meditieren, denn Meditation wirkt schon nach kurzer Zeit.

„Meditation hat schon nach nur einer Woche messbare Effekte." – Prof. Dr. Dr. Manfred Spitzer

---

Für uns Menschen aus dem Westen ist Meditation erst ungewohnt. Wir sagen schnell: "Meditation ist nichts für mich. Dafür bin ich zu unruhig." Das ist in etwa so, als ob jemand sagt, der noch nie Sport getrieben hat: „Joggen ist nichts für mich. Das ist viel zu anstrengend." Na klar ist es anstrengend. Derjenige hat ja auch noch nie Sport getrieben. Joggen ist gerade dafür da, Kondition aufzubauen. Ebenso ist Meditation dafür da, innere Ruhe zu entwickeln. In diesem Buch wirst du erfahren, dass **Meditation mühelos und interessant** sein kann. Man muss nur wissen wie.

Mein Name ist **Prof. Dr. Detlef Beeker** und ich zeige dir mit Hilfe der revolutionären *Get-it-Done-Methode*, garantiert meditieren zu lernen und so stabilen, inneren Frieden in dein Leben zu bringen.

„Du wirst keinen einfacheren und sichereren Weg zu innerem Frieden finden als Meditation."

Ich selbst meditiere seit mehr als 20 Jahren täglich und habe zahlreiche Bestseller zu diesem Thema geschrieben, welche in mehr als 10 Ländern gelesen werden. Meditation hat mein Leben sehr bereichert und es ist für mich eine Herzensangelegenheit, dies weiterzugeben.

Dieses Buch ist anders

Es gibt schon zahlreiche Bücher über Meditation. Warum noch eins?

---

[1] https://jamanetwork.com/journals/jamainternalmedicine/fullarticle/2110998.
[2] https://jamanetwork.com/journals/jamainternalmedicine/fullarticle/1809754.

- **Die 10 besten Meditationen**: In den meisten Büchern oder Kursen lernst du nur eine Meditation kennen. Das ist in etwa so, als wenn wir in ein Restaurant gehen und es dort nur eine Mahlzeit gibt. Jeder Mensch ist anders: Deswegen brauchen wir Auswahl, um herauszufinden, welche Meditation am besten zu uns passt. In diesem Buch gibt es eine Menükarte mit den zehn besten Meditationen, so dass du schon bald die für dich schmackhafteste Meditationsform findest. Diese fällt dir leichter und bringt bessere Ergebnisse, als wenn du einfach nur irgendeine Meditation praktizierst.
- **Viele scheitern**: Meditation ist eine tolle Sache, trotzdem meditieren nur sehr wenige. Kaum einer meditiert regelmäßig und langfristig. Die ersten Ergebnisse der Meditation wirst du schon nach einigen Tagen spüren, aber wenn du aufhörst zu meditieren, so werden auch die positiven Effekte verschwinden. Deswegen liegt es mir sehr am Herzen, dass du eine langfristige Meditationspraxis aufbaust. Wir haben speziell dafür die **Get-it-Done-Methode** auf Grundlage modernster Produktivitätstechniken entwickelt. Du wirst keine einfachere und sicherere Methode finden, um eine langfristige Praxis aufzubauen.
- **Vorsicht**! Meditation ist ein hochwirksames Werkzeug für inneren Frieden. Sie muss allerdings richtig angewendet werden, sonst kann sie wirkungslos sein oder sogar Schaden anrichten. Damit auch wirklich nichts schief gehen kann, wurde die M.A.U.S-Formel entwickelt. Sie garantiert, dass du alles richtig machen wirst. Darüber hinaus gibt es Schritt-für-Schritt-Anleitungen für alle Meditationen. Damit ist sichergestellt, dass du diese auch richtig lernst.

Das Buch hat aber noch viel mehr zu bieten. Es enthält eine Fülle von wertvollen Informationen, welche dein Leben in neue, bessere Bahnen lenken.

Worauf du dich im Buch freuen kannst (im Detail):

- **10** geniale und abwechslungsreiche **Meditationen**
- die wissenschaftlich fundierte ***Get-it-Done-Methode***, welche dich garantiert deine Ziele erreichen lässt.
- wie du garantiert eine **lebenslange Meditationspraxis** aufbauen kannst. Du erhälst die neusten, gehirngerechten Erfolgs-Techniken, so dass du langfristig gelassen und

entspannt bleibst.

- **Kirtan Kriya Meditation**: die 12-Minuten Meditation, welche speziell für Stressgeplagte inneren Frieden bringt.
- **Energieschub** gefällig? Mit der Kundalini-Meditation geht's richtig ab!
- Falsch zu meditieren kann gefährlich sein: Mit der **M.A.U.S-Formel** wirst du garantiert richtig meditieren lernen.
- Warum Meditation das Beste ist, was du für dein Leben tun kannst: **16 wissenschaftlich bewiesene Fakten**
- Wie du Liebe und Güte kultivierst
- Warum Meditation wie **Ping Pong** ist
- Die kontraintuitive Methode mit negativen Gefühlen, wie Ängsten und Unruhe umzugehen
- Die verblüffende Energie-Meditation des Dr. Shioya
- Die einfachste Meditation, welche dich tief entspannen lässt
- Wie du in 4 einfachen Schritten Meditation zur Gewohnheit machst
- Erfahre, was die **Durststrecke** ist: Nur so kannst du eine lebenslange Meditationspraxis aufbauen
- Bonus: eine **Mini-Meditation** die du jederzeit im Alltag anwenden kannst
- und vieles mehr

Wie du am meisten aus diesem Buch herausholst

Das Buch ist folgendermaßen aufgebaut:

In **Teil eins** geht's um wichtige Informationen rund um die Meditation. Du wirst erfahren, welche unglaublichen Vorteile Meditation bietet. Es geht aber auch darum, dass du erfährst, was du zur Meditation brauchst. Ich verrate es dir jetzt schon: Du brauchst nicht viel! Ganz wichtig ist das Kapitel M.A.U.S! Dieses garantiert, dass du nichts falsch machst und ein Meister im Meditieren wirst.

Die Zutaten: Der **Teil 2** *„10 geniale Meditationen"* enthält die besten Meditationen. Dies ist der Werkzeugkasten aus handverlesenden, erprobten Methoden, die inneren Frieden und Gelassenheit bringen. Es ist wie Kuchen backen: In diesem Kapitel erfährst du die besten Zutaten. Dieser Teil ist das Kernstück dieses Buches. Die Meditationen sind abwechslungsreich, interessant und werden dir vor allem sehr guttun.

Das Rezept: In **Teil 3** *„Die geniale Get-it-Done-Methode: 4 einfache Schritte zu einer lebenslangen Mediationspraxis"* findest du die 4-Schritte-Anleitung, damit du Meditation langfristig in dein Leben integrieren kannst. Dieser Teil beruht auf neusten Produktivitätstechniken. Es ist das Rezept, in dem die Zutaten des Teil 2, die Meditationen, bestmöglich zusammengestellt werden. Dieser Teil ist ebenfalls wichtig, denn Meditation ist wie Sport. Er hat viele positive Effekte, aber wenn man aufhört Sport zu treiben, so gehen nach einer gewissen Zeit auch die Vorteile verloren.

Genauso ist es mit der Meditation: Wenn wir damit aber wieder aufhören, so gehen nach und nach auch die positiven Effekte wieder verloren. Also wünsche ich mir für dich, dass du Meditation wirklich lebenslang praktizierst und dafür ist Teil 3 wie geschaffen. Er wird dir genau das nahezu mühelos ermöglichen.

Weil ich so begeistert von Meditation bin, habe ich mich entschlossen, dir ein Bonus-Kapitel zu schenken. In diesem ist eine ausführliche Mini-Meditation dargestellt. Es ist aber nicht nur eine normale Meditation, die man in nur 3 Minuten durchführt. Nein, es ist eine eigenständige und sehr wirkungsvolle Technik, welche du im Alltag jederzeit durchführen kannst. Sozusagen *Meditation to go.*

Das finale Kapitel ist eine Zusammenfassung der wichtigsten Aussagen des Buches.

Es gibt drei Möglichkeiten, mit diesem Buch zu arbeiten:

- Du kannst das Buch ganz normal von vorne bis hinten durchlesen. Dadurch gehen dir keine Informationen verloren.
- Hast du es eilig? Dann siehe im nächsten Kapitel nach. Dort gibt es einen Fahrplan für Eilige, sozusagen eine Abkürzung, mit welcher du heute noch anfangen kannst zu meditieren.
- Du kannst intuitiv vorgehen. Lies dir die Techniken durch und fühle, was dich anspricht. Experimentiere mit den Meditationen. Vielleicht wirkt bspw. die „Energie-Meditation" bei dir besonders gut, dann wende sie unbedingt an. Es ist immer gut auf deine Intuition, deinen inneren Coach zu hören, denn wenn du einen guten Kontakt zu ihm hast, wird er dir mitteilen, welche Techniken bei dir besonders gut wirken.

Im Zweifelsfall, lese das Buch einfach von vorne bis hinten komplett durch. Das hat sich immer bewährt und du wirst so am meisten aus diesem Buch für dich mitnehmen können. Viel Glück damit!

Heute noch meditieren? Die Abkürzung für Eilige

Hast du es eilig? Möchtest du heute noch anfangen? Kein Problem: Ich zeige dir eine Abkürzung. Dies ist mir übrigens nicht leichtgefallen, denn aus meiner Sicht sind alle Kapitel wichtig. Alles was ich geschrieben habe, kam von Herzen, aber es geht hier nicht um mich, sondern um dich. Wenn du es also eilig hast, hier die **Abkürzung**:

1. Lies zuerst das Kapitel „Was du zum Meditieren brauchst" durch. Dort suchst du dir deine Meditations-Ausrüstung aus.

2. Lies dir dann das Kapitel „M.A.U.S: Die Formel für meisterhaftes Meditation" durch. Hier ist es gut, wenn du dieses Kapitel sorgfältig liest, denn die Formel ist für jede einzelne der Meditationen wichtig.

3. Nun kannst du schon mit dem Meditieren loslegen: Lies dir jetzt alles zur Meditation des ersten Tages durch, folge der Anleitung und beginne zu meditieren.

4. Das nächst Wichtigste ist, dass du dir in Teil 3 das Kapitel „Die vier einfachen Schritte" durchliest, damit du weißt, wie der Fahrplan aussieht.

5. Meditiere dann gemäß dem zweiten Tag.

6. Nun folge den vier Schritten. Lies währenddessen in der für dich stimmigen Reihenfolge den Rest des Buches durch.

Mit dieser Abkürzung kannst du heute noch anfangen zu meditieren. Es ist schön, dass du so motiviert bist.

Abkürzungen sind so eine Sache, sie haben Vor- und Nachteile. Eine Abkürzung zu nehmen, ist wie Fliegen: Du kommst zwar schnell von einem Ort zum anderen, aber du verpasst vieles. Wenn du den gleichen Weg mit dem Fahrrad fährst, würdest du die schöne Landschaft wahrnehmen, die Menschen und die tollen Sehenswürdigkeiten. Es könnte sogar sein, dass du mehr Spaß auf dem Wege hättest, aber du wärst natürlich viel langsamer.

„Der Weg ist das Ziel." – Buddha

Deswegen empfehle ich dir, nimm ruhig die Abkürzung für den Anfang, aber lies unbedingt irgendwann das ganze Buch komplett durch.

Die 10%-Regel und der High-Impact-Ansatz

„Stil ist die Fähigkeit, komplizierte Dinge einfach zu sagen - nicht umgekehrt.“ – Jean Cocteau

Studien haben herausgefunden, dass nur 10 % aller Leser mehr als das erste Kapitel eines Sachbuches lesen. Warum ist das so? Ein wichtiger Grund ist, dass Bücher sehr dick sind. Ein normales Sachbuch hat mindestens 300 Seiten, das entmutigt den einen oder anderen Leser vielleicht, dabei könnten die Informationen viel kürzer dargeboten werden. Das trifft nicht auf alle Bücher zu, aber viele Bücher sind künstlich aufgebläht. Es werden Geschichten erzählt und die eigentlich wichtigen Informationen werden nicht auf den Punkt gebracht, sondern in langen Fließtexten "versteckt". Dadurch sind die Informationen für den Leser schwer zugänglich.

„Papier ist geduldig. Mancher Autor nutzt das schamlos aus."
Wolfgang Mocker

Das ist in etwa so, als ob du ein riesiges Weißbrot mit einem Meter Durchmesser hast. In der Mitte dieses gigantischen Brotes befindet sich eine Rosine. Du musst dich erst durch die Schichten des Brotes durchkämpfen, bis du endlich die eine Rosine verspeisen kannst. Dieses Buch dagegen ist ein kleines, handliches Brötchen mit etlichen köstlichen Rosinen. Bei jedem leckeren Bissen erwischt du mindestens eine von ihnen.

Da ich dir die Leseerfahrung so angenehm wie möglich gestalten möchte, habe ich dieses Buch **benutzerfreundlich** gestaltet:

- **Alles ist auf den Punkt:** Mit persönlichen Geschichten und mit allem, was die Texte künstlich aufbläht, habe ich gespart. Trotzdem gibt es zahlreiche Fallbeispiele, die notwendig sind, um den Stoff zu veranschaulichen.
- **Sprache:** In meiner wissenschaftlichen Laufbahn musste ich viele Texte lesen, die oft unverständlich waren. Die Autoren füllten ihre Ausführungen mit unnötigen Fremdwörtern, abstrakten Substantiven und Passivkonstruktionen, welche in lange Schachtelsätze eingebettet wurden. Ein willkürlich

gewähltes Beispiel:

"Es stehen sich daher eine in die Breite und Tiefe gehende Wissensentwicklung, die idealiter die Historizität der Gegenstände und ihrer Konzeptionen, also die Fachgeschichte selbst, mit im Blick behält, und ein auf enge Innovationszonen bezogener Erkenntnisfortschritt, der auch das noch nicht Gewusste bereits als Aufgabe scharf umrissen hat, gegenüber."

Was soll das? Es ist genauso, als wenn du einen Pullover kaufst, aber der Hersteller Knoten in die Ärmel gemacht hat. Warum kann der Autor es nicht einfacher ausdrücken? (Wenn du wissen möchtest, was der Autor eigentlich sagen wollte, dann schau in der Fußnote nach.[1])

„Wenn du es nicht einfach erklären kannst, hast du es nicht gut genug verstanden." – Albert Einstein

---

Deswegen benutze ich in diesem Buch eine möglichst gut verständliche Sprache, denn das Thema „Meditation" ist schon schwer genug.

- **Aufzählungen**: In diesem Programm findest du viele Aufzählungen. Alles ist schnell zugänglich und wird nicht in langen Fließtexten versteckt.
- **Einleitende Überblicke, Zusammenfassung und andere Hinweise, die dir das Leben erleichtern**: Kennst du das? Du bist in einer fremden Stadt und suchst den Bahnhof. Du wirst von Straßenschildern geleitet, aber an einer Abbiegung fehlt eins. Du findest den Bahnhof nicht. Dieses Buch ist wie eine sehr freundliche Stadt: Überall gibt es Hinweisschilder, jeder weiß, wo er ist und wo er hin muss.
- **Strukturierung**: Es ist sehr strukturiert mit vielen Unterkapiteln, so dass die wichtigen Informationen schnell

---

[1] Einfach ausgedrückt: „Jedes Fach ist anders. Bei den Naturwissenschaften wird weniger diskutiert, bei den Geistes- und Sozialwissenschaften mehr. Deshalb klingen die Texte in den verschiedenen Fächern auch unterschiedlich."

zugänglich sind.

Der bekannte Autor *Akash Karia* bezeichnete dies als den *High-Impact-Ansatz*, weil die Informationsdichte in diesem Buch sehr hoch ist und gleichzeitig alle Infos schnell zugänglich sind. Ich mag solche Bücher – du auch? Du musst also nicht lange suchen, du musst nicht in der Erde graben, nein, die goldenen Nuggets reiche ich dir auf einem Silbertablett.

Kurze Zusammenfassung

- Meditation ist der Hammer! Sie hat zahlreiche Vorteile für Körper und Geist. Stress und Ängste werden abgebaut, Depressionen gemildert, du wirst gesünder und jünger.
- Meditation muss nicht anstrengend oder langweilig sein. Im Gegenteil, wenn wir Meditation richtig lernen, wie in diesem Buch, dann ist es interessant und mühelos. Sicherlich können Unruhe oder Langeweile auftreten, aber wir gehen meditativ damit um, sodass es kein Problem darstellt.
- Dieses Buch ist anders als andere Meditationsbücher. Es werden zehn interessante und abwechslungsreiche Meditationen Schritt für Schritt dargestellt.
- Die *Get-It-Done-Methode* ist speziell für dieses Buch entwickelt worden, auf Grundlage modernster Produktivitätstechniken. Denn für den Erfolg der Meditation ist es wichtig, dass wir sie langfristig anwenden. Dies ist nicht einfach, aber mit der *Get-It-Done-Methode* wirst du es schaffen. Garantiert!
- Die M.A.U.S-Formel ist der Garant für eine erfolgreiche Meditation. Leider kann man nämlich auch falsch meditieren, was ungünstig ist. Mit der M.A.U.S -Formel ist der Meditation-Erfolg allerdings sicher.
- Du findest auch eine Abkürzung: Wenn du es eilig hast und schnell meditieren möchtest, so nutze diesen Fahrplan, dann kannst du heute noch anfangen zu meditieren.

Wie ich zur Meditation kam

„Entweder ist es eine gute Idee oder eine gute Geschichte."
– Bastian Beeker

Der Himmel war grau und auf dem großen asphaltierten Parkplatz pfiff der Wind. Ich schlug meinen Mantel enger um mich. „Ist das eine gute Idee?“, dachte ich bei mir. “Meditation ist doch nur für Spinner“, meldete sich eine skeptische Stimme in meinem Kopf. Das alte Millennium ging dem Ende zu und ich fühlte mich nicht besser. Ich arbeitete viel, war gerade Papa geworden und meine Freundin hatte Depressionen. Viele Lasten drückten auf meinen Schultern. Ich konnte nicht mehr richtig schlafen, war gereizt und ständig müde. Kurz: Ich war gestresst.

Deswegen war ich hier. In der Stadthalle in Siegen, nur einen Steinwurf entfernt von unserer Wohnung, gab es eine Meditationsveranstaltung. Ich hatte gelesen, dass Meditation gut gegen Stress sei, und deswegen hatte ich mich auf den Weg gemacht. „Und wenn das nun eine Sekte ist?“, machte ich mir Sorgen. „Man weiß ja nie! Nachher verpassen die mir noch eine Gehirnwäsche.“ Meine Anspannung wuchs. Mit dem Gedanken: “Ach Unsinn, jetzt bin ich schon mal hier und ich werde es durchziehen!“, schritt ich verunsichert auf den Veranstaltungsraum zu, in dem die Meditation stattfinden sollte.

Plötzlich berührte mich jemand an der Schulter. Mir entglitt ein kurzer Schrei - wie gesagt, ich war sehr angespannt. Ich fuhr herum. „Geh da nicht hin! Meditation ist vom Teufel!“ Ich kam mir vor wie in einem altehrwürdigen Vampir-Film: Man fährt mit der Kutsche durch das Dorf und wird von einem Einheimischen eindringlich gewarnt, nicht zum Schloss des Vampirs zu fahren, da dort Schreckliches auf einen warten würde.

Der Warnhinweis stammte von einem Mann mittleren Alters, mit einer dicken Brille auf der Nase und einem strengen Seitenscheitel. Kurzerhand drückte er mir eine kleine Broschüre in meine erstarrte Hand. “Lies das!“, mit diesen energischen Worten machte er sich davon. Ich wollte ihm noch etwas Kluges hinterherrufen, aber mein Gehirn brachte es zu nichts Besserem als zu: „Ääähhhh.“ Nachdem ich mich davon erholt hatte, blätterte ich in der Broschüre. Dort stand tatsächlich, dass Meditation teuflisch sei. Das war neu für mich. Aus heutiger Sicht, frage ich mich: Wie kommt man nur auf so einen Unsinn? Ein paar Seiten weiter, wurde dies übrigens ebenfalls über autogenes Training behauptet.

„Das fängt ja gut an!“, murmelte ich vor mich hin. Beinahe hätte ich kehrt gemacht, aber eine Stimme in meinem Kopf hielt mich zurück und so ging ich weiter zum Meditationsraum.

In diesen Raum passten etwa 30 Leute. Es waren mehrere grüne Stuhlreihen aufgebaut, von denen ungefähr ein Dutzend besetzt waren. Vorne saß eine junge, ernste Frau auf einem Stuhl. Es war die Meditationsleiterin, was mich erst einmal beruhigte, denn sie machte einen freundlichen Eindruck. Sie fing mit einem kleinen Vortrag an und sprach über die Richtung, die sie vertrat und dass Meditation eine großartige Sache sei.

Dann kamen wir endlich zur Meditation selbst. Die Meditationslehrerin führte uns sanft und mit einer angenehmen Stimme durch die Meditation. Es war eine Mantra-Meditation. Am Anfang fühlte ich mich unruhig und es war ungewohnt, dass ich meine Aufmerksamkeit nach innen richtete. Aber nach ein paar Minuten konnte ich mich entspannen - endlich! Ich spürte, wie ich die Anspannung loslassen konnte und der Stress von mir wich. "Meditation ist ja doch etwas für mich", dachte ich gut gelaunt.

Nachdem die Meditation zu Ende war, wies die junge Frau uns auf einen Stapel Broschüren hin. „Wenn ihr den Meister persönlich kennenlernen wollt, dann kommt nach Frankfurt. Dort ist ein großes Event und der Meister selbst aus Indien wird da sein!", gab die Leiterin begeistert kund. Sie blickte erwartungsvoll in die Runde. Nach einer langen Schweigepause meinte sie: „Ihr könnt gerne Fragen stellen." Jemand aus der letzten Reihe meldete sich: „Ist Meditation nicht gefährlich? Meditation ist gegen den Willen Gottes! Das ist nichts für Christen!", wetterte der Sprecher. Ich drehte mich um und sah einen Mann mittleren Alters mit einer Brille und blondem Haar. Die letzte Reihe bestand aus einer christlichen Sekte. Im Raum Siegen gibt es eine Menge davon und die waren gegen Meditation. Ich seufzte.

Es entstand eine heftige Diskussion, ob Meditation gegen den Willen Gottes sei und schädlich für Christen. Die Stimmen wurden lauter, es fielen Worte wie „Teufelswerk" und „Satanismus". Ich glaube, es fiel keinem auf, dass ich mich leise nach draußen schlich und mir währenddessen eine Broschüre schnappte.

Das war meine erste Meditationserfahrung. Für meinen Geschmack war der Rahmen etwas zu sehr von „Meditation ist Teufelswerk" geprägt, aber die Meditation selbst hatte mir gutgetan. Ich beschloss, es damit zu versuchen. Ich habe diese Meditationsform allerdings nicht lange praktiziert. Sie war einfach nichts für mich und ich konnte, wenn ich sie allein praktizierte, keine Ruhe finden.

Danach probierte ich ein paar andere Meditationen aus. Es dauerte eine Zeit, bis ich eine Meditationsform gefunden hatte, die mir wirklich zusagte, aber so ist das mit Meditation. Nicht jede passt für jeden! Wir essen ja auch nicht alle das gleiche. Es ist wichtig, dass wir nicht zu schnell aufgeben und weitersuchen, bis wir eine Meditation finden, die uns behagt. Bei mir war es die transzendentale Meditation. Sie habe ich etwa zehn Jahre lang zweimal täglich praktiziert. Ich finde sie sehr angenehm und mühelos. Ich wurde immer gelassener und Situationen, die mich sonst sehr gestresst hätten, konnte ich mit innerer Ruhe begegnen. Ich schlief wieder gut und meine ständigen Sorgen verschwanden.

Später habe ich gehört, dass die Bewegung um die transzendentale Meditation in Misskredit kam. Ihr wurde vorgeworfen eine Sekte zu sein und Mitglieder finanziell auszunutzen. Ich selbst habe nie negative Erfahrungen gemacht. Ich bin aber auch nie zu irgendwelchen Treffen gegangen, sondern habe die Meditation allein zu Hause praktiziert.

Ich bin froh, dass Meditation heute viel zugänglicher ist und zum Allgemeingut gehört. Man kann in jeder Stadt zu Meditationsevents gehen und braucht nicht zu befürchten, dass Meditation als Teufelswerk beschimpft wird. Und unter uns: Ich wäre sehr froh gewesen, wenn es damals schon ein Meditationsbuch für Anfänger wie dieses hier gegeben hätte, denn dann hätte ich mir einiges ersparen können.

TEIL 1: MEDITATION DIE EIERLEGENDE WOLLMILCHSAU

„Entspann dich, nichts ist unter Kontrolle." – Buddha

In diesem Teil bringe ich dir Meditation näher. Du wirst erfahren, was Meditation ausmacht und wie viele tolle Effekte sie hat. Du wirst entdecken, was du zum Meditieren unbedingt brauchst und ebenso die geniale Formel M.A.U.S.

Meditation ist wie Ping Pong

„Bei der Meditation geht es nicht um den Versuch, irgendwo hinzugelangen. Es geht darum, dass wir uns selbst erlauben, genau dort zu sein, wo wir sind, und genau so zu sein, wie wir sind, und das auch der Welt zu erlauben, genau so zu sein, wie sie in diesem Augenblick ist." – Jon Kabat-Zinn

Worauf du dich in diesem Kapitel freuen kannst...

- Was Meditation ist und warum es so wunderbar wirkt
- Die zahlreichen positiven Effekte von Meditation
- Weitere Vorteile der Meditation
- Warum trotzdem so wenige meditieren

Was Meditation ist und warum es funktioniert

Was ist eigentlich Meditation? Das ist gar nicht einfach zu beantworten, da es sehr unterschiedliche Formen von Meditation gibt. Einige interessante und grundlegende Meditationen wirst du in diesem Buch kennen lernen. Auch die Ziele und Methoden von Meditationen sind unterschiedlich: Bei den meisten Meditationen geht es darum, dass du still wirst. Das bedeutet, dass nicht mehr so viele Gedanken in deinem Kopf herumschwirren, sondern dass sich der Strom der Gedanken verdünnt. Andere Meditationen haben den Zweck, Energie aufzubauen. Wieder andere möchten bestimmte Gefühle wie Liebe und Güte kultivieren. Du siehst, es ist nicht einfach, alles unter einer Definition zusammenzufassen. Ich wage trotzdem einen Versuch:

Bei der Meditation ziehen wir uns für einen bestimmten Zeitraum zurück und richten unsere Aufmerksamkeit weg von unseren Gedanken und hin zu einem Meditationsobjekt. Dadurch werden wir innerlich still.

Sehen wir uns die ganze Geschichte an einem Beispiel an: Eine der bekanntesten und einfachsten Meditationen ist die Atem-Meditation. Bei dieser Meditation setzen wir uns für 15-20 Minuten hin, schließen unsere Augen und beobachten unseren Atem (das Meditationsobjekt). Wir spüren den Luftzug unseres Atems an den Nasenlöchern, wir bemerken das Heben und Senken unseres Brustkorbs usw. Dies ist sehr entspannend. Meine Erfahrung ist, wenn ich nur einmal pro Tag meditiere, so strahlt diese Ruhe auf den ganzen Tag aus. Es sind nur 15-20 Minuten am Morgen, aber der ganze Tag entfaltet sich mit mehr Gelassenheit.

Was passiert in der Meditation? Warum ist sie so wirkungsvoll? Dafür müssen wir uns näher ansehen, wie unser Verstand funktioniert. Wir haben sehr viele Gedanken, im Durchschnitt etwa 65.000 pro Tag. Das ist eine Menge. Für jeden einzelnen Gedanken wendet unser Gehirn Energie auf. Das bedeutet, unser Gehirn ist den ganzen Tag damit beschäftigt, Gedanken zu produzieren.

Daniel berichtete von seinen Erfahrungen: „Im Alltag tauchen alle möglichen Gedanken auf. An manchen Gedanken halte ich mich fest. Gerade eben erst taucht ein Gedanke über meine Freundin Clara auf. Ich griff diesen Gedanken auf, dann kamen mir Bilder über unseren letzten Streit. Innerlich lief ein Film ab, wie wir uns stritten und später sogar anschrien. Es war, als ob ich für einen Moment nicht mehr im hier und jetzt war, sondern in dieser Streit-Szenerie. Ich weiß gar nicht, wie lange ich mich in diesen Gedanken, in dieser Geschichte befand. Ich bemerkte, dass ich mich plötzlich schlecht und aggressiv fühlte. Da wurde mir bewusst, dass ich in Gedanken immer noch bei unserem letzten Streit war. Aus dem Nichts heraus fühlte ich mich gestresst, weil diese Geschichte über unseren Streit in meinen Gedanken auftauchte.“

Diese Episode von Daniel ist ganz normal: Gedanken tauchen auf und einige triggern uns. Wenn wir getriggert werden, erzählen wir uns Geschichten aus der Vergangenheit oder der Zukunft. Ein Gedanke von der Arbeit taucht auf und plötzlich befinden wir uns gedanklich in der letzten Sitzung, wo der Chef uns herunter gemacht hat. Wir verwickeln uns also in unsere Gedanken/Geschichten. So werden die Gedanken mehr und intensiver. In der Meditation lernen wir, anders mit unseren Gedanken umzugehen. Anstatt, dass wir uns auf unsere Gedanken einlassen und die Gedanken dadurch noch mehr werden, sind wir achtsam.

Man kann Meditation auch als ein Spiel zwischen Achtsamkeit, Aufmerksamkeit und Meditationsobjekt beschreiben:

- **Achtsamkeit** bedeutet, dass wir unserem inneren Erleben gegenüber achtsam sind: Je achtsamer wir sind, desto eher fällt es uns auf, dass wir uns gerade in Gedanken befinden. Je achtsamer wir sind, desto schneller können wir zu unserem Meditationsobjekt zurückkehren. Das hilft, uns nicht zu verwickeln.

- Was ist das **Meditationsobjekt**? Nehmen wir beispielsweise eine Mantra-Meditation, diese wirst du noch kennenlernen. Ein Mantra ist ein besonderes Wort, welches wir in der Meditation in Gedanken oder auch laut aufsagen. Ein bekanntes Mantra ist „Om". Das Mantra ist das Meditationsobjekt. Es hat den Sinn, wenn wir gedanklich abschweifen, dass wir dann einen Anker haben, zu dem wir zurückkehren können. Wenn wir also meditieren und plötzlich tauchen Gedanken über unsere Arbeit auf, dann kehren wir einfach zum Mantra zurück. Wir sagen es also in Gedanken auf und lösen uns so von unseren Gedanken über die Arbeit.
- **Aufmerksamkeit** bedeutet, worauf wir den Strahl unserer Bewusstheit richten. Wir können beispielsweise unsere Aufmerksamkeit auf das Gefühl im Solarplexus richten. Wir werden uns dann diesen Körperempfindungen bewusst. Wohin wir unsere Aufmerksamkeit richten, das bestimmt unser Erleben.

„Die Energie folgt der Aufmerksamkeit"

Richten wir unsere Aufmerksamkeit auf unsere negativen Gedanken und Gefühle, so werden diese stärker. Richten wir dagegen unsere Aufmerksamkeit auf das Mantra oder unseren Atem (dem Meditationsobjekt), dann werden wir friedvoll.

Warum ist Meditation ein Spiel zwischen Achtsamkeit, Aufmerksamkeit und Meditationsobjekt? Unsere Achtsamkeit ist dazu da zu bemerken was gerade da ist. Unsere Achtsamkeit hilft uns, frühzeitig zu erkennen, wenn wir uns in negativen Gedanken oder Gefühle verwickeln. Nun kommt die Aufmerksamkeit ins Spiel: Hier entscheiden wir bewusst, worauf wir unsere Aufmerksamkeit richten. Wir können Sie auf unseren Gedanken belassen oder wir richten Sie auf unser Meditationsobjekt. Befindet sich unsere Aufmerksamkeit auf unserem Meditationsobjekt, so erleben wir Frieden. Die Aufgabe besteht also darin, unsere Aufmerksamkeit immer wieder von den Gedanken weg auf unser Meditationsobjekt zu richten.

Meditation ist wie Ping Pong: Unsere Aufmerksamkeit springt zwischen Gedanken und Meditationsobjekt hin und her. Oft schweifen wir in Gedanken ab. Durch unsere Achtsamkeit bemerken wir es und richten diese auf das Meditationsobjekt. So lange, bis wir wieder gedanklich abschweifen und das Spiel beginnt von vorne.

Schauen wir uns dies noch einmal aus einer anderen Perspektive an. Negative Gedanken führen zu negativen Gefühlen. Obwohl Ereignisse schon lange vorbei sind, haben wir die leidvolle Eigenschaft, uns sogar viele Jahre später deswegen schlecht zu fühlen.

Negative Gedanken führen zu negativen Gefühlen.

Laura wurde von ihrem damaligen Freund betrogen. Das hat sie sehr verletzt und wütend gemacht. Daraufhin hat sie sich von ihm getrennt, was nun gute 6 Jahre her ist. Doch noch immer tauchen Gedanken über diese Verletzung auf. Sie reproduziert diese Verletzung immer wieder und immer wieder. Es vergeht kein Tag, an dem sie nicht daran denkt.

Nun kommt es darauf an, wie wir mit negativen Gedanken umgehen. Wir können oftmals nicht verhindern, dass negative Gedanken auftauchen. Das ist aber nicht schlimm. Problematisch wird es, wenn wir uns in diese negativen Gedanken verwickeln, so wie Laura es tut. Am Anfang steht nur ein einfacher Gedanke, ein gedankliches Bild, das über ihren damaligen Freund auftaucht. Wenn sie den Gedankengang hier beenden könnte, so würde sie sich nicht schlecht fühlen, aber sie verwickelt sich in diesen Gedanken. Sie springt auf den Zug der Gedanken aufund fährt mit ihm mit. Sie lässt sich also mitreißen.

Dieses Verwickeln, dieses Mitreißen wird in der bekannten **Acceptance and Commitment Therapie** (ACT) *fusionieren* genannt. Wenn wir uns also in unsere Gedanken verwickeln, dann fusionieren wir mit Ihnen.

Die Abbildung zeigt diese Kausalkette:

- Zuerst haben wir die auslösende Situation. Beispielsweise unser Chef kritisiert uns.
- Nun kommen unsere Gedanken und Einstellungen zu dieser auslösenden Situation. Wir denken: „Mein Chef ist so ein ☠✖📢⚡💥🌪🐈! Ich hab doch alles gut gemacht! Warum kritisiert er mich? Er kann mich nicht leiden! Das ist so unfair! Ich werde es hier nie zu etwas bringen.“ Solche negativen Gedanken würden zu negativen Gefühlen führen, wenn nicht noch ein Zwischenschritt wäre:
- Bei der Fusion glauben wir unseren Gedanken. Wir glauben, dass unser Chef uns unfair kritisiert. Wir glauben, dass er ein ☠✖📢⚡💥🌪🐈 ist. Wir können uns aber auch entscheiden, diese negativen Gedanken nicht ernst zu nehmen. Wenn wir das schaffen, nennen wir dies **Defusion**. D.h., Gedanken und Gefühle fusionieren nicht. Anders gesagt, wir verwickeln uns nicht in unseren Gedanken.
- Letzter Schritt in der Kausalkette ist die Emotion. Wir haben negative Gedanken, wir glauben ihnen und es entsteht ein Gefühl des Ärgers oder der Frustration.

In der Meditation lernen wir, wie wir *nicht* fusionieren. Wir nehmen die negativen Gedanken wahr und richten unsere Aufmerksamkeit nicht auf sie, sondern auf unseren Atem, dem Meditationsobjekt. Dadurch verhindern wir die Fusion und wir verhindern, dass negative Gefühle überhaupt erst entstehen.

„Das Glück deines Lebens hängt von der Beschaffenheit deiner Gedanken ab.“ – Marc Aurel

---

Dieser Prozess der Meditation führt dazu, dass unser Geist lernt oder einfacher ausgedrückt: Wir haben weniger Gedanken. Und das macht uns glücklich, und zwar aus folgenden Gründen:

- **Gehirnarbeit**: Unser Gehirn produziert unsere Gedanken und das kostet Energie. Je weniger Gedanken es produzieren muss, desto mehr Energie steht uns zur Verfügung. Wir fühlen uns besser.
- **Meditation defusioniert**: Etwa 60 % unserer Gedanken sind negativ. Das für sich gesehen ist gar nicht so schlimm. Das Problem besteht darin, dass wir Ghäufig mit diesen negativen

Gedanken fusionieren. Dann entstehen negative Gefühle und wir fühlen uns schlecht. Meditation lässt uns nicht in Gedanken versinken, Meditation defusioniert. Wir werden glücklicher und gelassener, da wir uns nicht mehr in unsere Gedanken verwickeln bzw. mit ihnen fusionieren.

- **Feld der Glückseligkeit**: Der dritte Grund ist etwas spiritueller: Er wird von vielen Meditations-Lehrern angeführt. Dazu ein Vergleich:

  Gedanken sind wie Wolken, die die Sonne verdecken. Die Sonne ist da und sie kann uns Wärme und Energie geben. Die Gedanken allerdings, lassen das nicht zu und je mehr Gedanken wir haben, desto dichter wird die Wolkendecke und desto weniger kriegen wir von der Sonne mit.

  Andersherum bedeutet das, je dünner die Wolkendecke ist - je weniger Gedanken wir denken, desto mehr scheint die Sonne für uns. Das bedeutet, wir sind energiegeladen und glücklicher. Hinter unseren Gedanken gibt es also die Sonne. Das heißt, es gibt eine Art *Feld der Glückseligkeit*, das wir alle haben. Und immer, wenn wir still sind, spüren wir es und tauchen in dieses *Feld der Glückseligkeit* ein. Das geschieht nicht nur bei der Meditation, sondern jederzeit, wenn wir wenig oder gar keine Gedanken haben.

  Vielleicht erinnerst du dich an Momente besonderer Schönheit: Du warst am Strand und die Sonne ging unter. Du warst ganz in dieses wunderschöne Bild versunken. Es berührt dich und du fühlst dich gut. Warum? Weil du in diesem Moment so gut wie keine Gedanken hast und das Feld der Glückseligkeit spürbar wurde.

  Wie gesagt, dies ist ein eher spirituelles Argument, aber in der einen oder anderen Form wird es von vielen Traditionen und Wegen übernommen.

Letztendlich ist es nicht so wichtig, warum Meditation wirkt. Vielmehr können wir uns freuen, dass es eine so simple Methode wie Meditation gibt, die uns ganz einfach gelassen und glücklich macht. Im nächsten Kapitel wirst du die unglaublichen Vorteile der Meditation kennen lernen. Alle sind übrigens wissenschaftlich bestätigt.

Meditation: Verblüffende Studienergebnisse

Es gibt sehr viele wissenschaftliche Studien zu den Effekten der Meditation. Bekannt wurde eine Studie aus dem Jahr 2004, in der Mönche aus dem Umfeld des *Dalai Lamas* untersucht wurden.[1] Es wurden sehr interessante Effekte und ausschließlich positive Wirkungen der Meditation festgestellt:

- **Erstaunliche Aktivierung des linken präfrontalen Kortex**: Die Wissenschaft hat festgestellt, wenn eine Person unglücklich ist, depressiv oder ängstlich, ist im vorderen Bereich des Gehirns die rechte Seite aktiv. Ist jemand glücklich, freudig oder zufrieden, ist die linke Seite des vorderen Gehirns aktiv. Bei den meisten Menschen sind die beiden Gehirnseiten in etwa gleich aktiv. Die Wissenschaftler haben die Aktivität bei den meditierenden, tibetischen Mönchen des Dalai Lamas gemessen. Das Ergebnis war verblüffend: Die Aktivität im linken präfrontalen Kortex war um ein *mehrfaches* ausgeprägter als bei einem durchschnittlichen Menschen. Das bedeutet, diese tibetischen Mönche erfahren sehr viel Zufriedenheit, Freude und Glück in ihrem Leben und kaum negative Gefühle.
- **Schreckreaktion**: Die Wissenschaftler wollten herausfinden, wie schreckhaft die tibetischen Mönche in einer Meditation sind. Dazu haben sie plötzlich ein lautes Geräusch gemacht, wie zum Beispiel einer dieser Tröten, die man bei Fussballspielen häufig hört. Bislang hat die Wissenschaft angenommen, dass jeder Mensch eine Schreckreaktion hat und diese nicht unterdrückt werden kann. Auch Soldaten, die daran gewöhnt waren, Schüsse in ihrer Umgebung zu hören, hatten immer eine Schreckreaktion, auch wenn diese nur sehr klein war. Die tibetischen Mönche dagegen hatten gar keine Schreckreaktion mehr. Dies war ein bemerkenswertes Ergebnis und es war die erste Dokumentation in der Geschichte der Menschheit, von Menschen ohne irgendeine Schreckreaktion.
- Du musst gar nicht jahrzehntelang meditieren, wie die tibetischen Mönche. Nein, Meditation wirkt schnell. Dies hat eine andere sehr bekannte Studie ergeben. Sie wurde von

---

[1] Pollard (2004): "Meditation and brain function: a review", *Eubios Journal of Asian and International Bioethics*, 14, 28-34.

John Kabat-Zin und *Herbert Benson* durchgeführt. Dabei ging es nicht um erfahrene Meditierende, sondern um völlige Neulinge. Diese mussten im Rahmen der Studie an einem 8-Wochen-Meditationsprogramm teilnehmen. Die Teilnehmer meditierten 45 Minuten täglich. Die Wirkungen der Meditation konnten sich sehen lassen:

- Stress und Ängste wurden abgebaut.
- Insgesamt erfreuten sich die Teilnehmer über mehr Zufriedenheit und Glück.
- Ein erstaunliches Ergebnis war, dass sich innerhalb dieser kurzen Zeit das Gehirn verändert hat. Bis zum Anfang dieses Jahrtausends war die Wissenschaft der Meinung, dass sich das Gehirn nach dem vierten Lebensjahr überhaupt nicht mehr verändert. Nun konnte festgestellt werden, dass sich innerhalb von nur acht Wochen das Gehirn durch Meditation positiv verändert.
- Den Meditierenden und einer Kontrollgruppe wurden Krankheitserreger für eine Erkältung injiziert. Die Wissenschaftler konnten feststellen, dass es einen deutlichen Unterschied zwischen der Meditations- und der Kontrollgruppe gab: Die Meditierenden wurden deutlich weniger krank. Das bedeutet, Meditation wirkt sich sogar positiv auf das Immunsystem aus.

Neuere Studien haben ergeben, dass Meditationen sogar schon nach einer Woche positive Wirkungen zeigen. Zusammengefasst hat die Meditation folgende positive Wirkungen:[1]

- weniger Stress
- emotionale Stabilität und Optimismus
- verbesserte Achtsamkeit und Geduld
- besseres Gedächtnis, gesteigerte Konzentration und höhere geistige Flexibilität
- gesteigerte Intuition und Körperwahrnehmung
- Verlangsamung des Alterungsprozesses
- hochwertiger Schlaf
- verringertes Schmerzempfinden
- niedriger Blutdruck
- Verbesserung des Immunsystems

[1] Quelle: http://bit.ly/2qSKKKg

- Senkung des Cholesterinspiegels
- positiverer Verlauf von Migräne-Anfällen

Du siehst, Meditation ist eine "eierlegende Wollmilchsau". Es lohnt sich zu meditieren.

Besonderes und Gutes der Meditation

Vorteile gibt es eine Menge! Im Folgenden noch ein paar weitere Besonderheiten und Vorteile der Meditation:

- **Viele positive, mentale und gesundheitsfördernde Effekte**: Wie oben im wissenschaftlichen Abschnitt dargestellt, ist Meditation ungeheuer wirkungsvoll und hat neben der glücksfördernden Wirkung viele weitere positive Effekte.
- **Leicht und jederzeit anwendbar**: Ein weiterer großer Vorteil ist die einfache Anwendbarkeit. Egal ob du 88 oder 25 bist, du kannst meditieren und das meinetwegen den ganzen Tag. Dies gilt zum Beispiel für *Sport und Bewegung* nicht uneingeschränkt. Jemand der 75 Jahre alt und krank ist, kann nicht einfach Sport treiben.
- **Nahezu unbegrenzter Glückszuwachs**: Das Glücksfundament "Meditation" hat eine einzigartige Eigenschaft: Meditation alleine kann sehr glücklich machen. Sieh dir die Mönche des Dalai Lamas an: Sie waren weit überdurchschnittlich glücklich. Das Erstaunliche daran ist, je mehr du meditierst, desto glücklicher wirst du. Obwohl die Glückszuwächse immer geringer werden. Dies ist eine außergewöhnliche Eigenschaft der Meditation. Allerdings ist auch hier irgendwann Schluss: Irgendwann ist das höchste Glück erreicht. Trotzdem ist das eine einzigartige Eigenschaft: Mehr Familie macht nicht glücklicher. Zehn enge Freunde machen nicht glücklicher als drei. Wenn du 20 Jahre Sport treibst, bist du deswegen nicht glücklicher als jemand, der erst ein Jahr trainiert. Bei Meditation ist das anders. Meditation hat eine Ausnahmestellung. Das Glücks-Potenzial der Meditation ist nahezu unbegrenzt.
- **Mystische Erlebnisse**: Ein weiteres, besonderes Merkmal der Meditation ist, dass mystische Zustände hervorgerufen werden können. Im buddhistischen Kontext werden sie als *Erleuchtung* bezeichnet. Sie zeichnen sich durch außerordentlich starkes Glücksempfinden aus. Es gibt

verschiedene Arten und Ausprägungen. Es kann eine Einheitserfahrung sein, sehr starke Gefühle wie Liebe, Glückseligkeit oder Ekstase können entstehen. Diese Erlebnisse können lang anhaltende Effekte hervorrufen. Allerdings gibt es andere Zugänge zu diesen mystischen Erlebnissen, wie Gebete oder andere spirituelle Praktiken.

Warum meditieren nur so wenige?

Die häufigste Antwort ist: "Meditation ist nichts für mich. Dafür bin ich zu unruhig." Das ist in etwa so, als ob jemand sagt, der noch nie Sport getrieben hat: „Joggen ist nichts für mich. Das ist viel zu anstrengend." Na klar ist es anstrengend. Derjenige hat ja noch nie Sport getrieben. Joggen z.B. ist gerade dafür da Kondition aufzubauen. Ebenso ist Meditation dafür da, innere Ruhe zu entwickeln. Tatsächlich ist gerade der Anfang der Meditation nicht einfach. Wir sind es nicht gewöhnt still zu sitzen, gar nichts zu tun und mit unseren Gedanken und Gefühlen direkt konfrontiert zu werden. Aber nach einigem Training wird Meditation einfacher und später möchtest du sie gar nicht mehr missen. Ich selbst meditiere seit mehr als 20 Jahren.

Es gibt ein paar Faktoren, die viele daran hindern, regelmäßig zu meditieren:

- **Anfänger-Unruhe**: In der Meditation sitzen wir still und richten unsere Aufmerksamkeit nach innen. Das ist genau das Gegenteil dessen, was wir sonst machen. Bei vielen entsteht dadurch Unruhe. Unangenehme Gedanken tauchen auf, Langeweile oder unangenehme Körperempfindungen. Das ist normal. Diese Anfänger-Unruhe gibt sich nach einiger Zeit. Es ist wie mit den meisten Disziplinen, die wir neu beginnen. Am Anfang ist es schwierig. Stell dir vor, du fängst an Klavier zu spielen. Es ist mühselig und anstrengend. Später fällt es dir leicht und du machst es gerne. Genauso ist es bei der Meditation.
- **Durchhalten**: Etwas Neues, egal was, 15 - 20 Minuten täglich zu tun, fällt den meisten schwer. Stell dir vor, du möchtest jeden Tag 20 Minuten Sport machen. Eigentlich kein Problem, trotzdem ist es für viele schwierig. Dies gilt ebenfalls für die Meditation.
- **Umschalt-Problem**: Im Alltag sind unsere Sinne nach außen gerichtet. Der Alltag in der westlichen Welt ist hektisch und

stressig. Wir müssen viele Sachen erledigen und das möglichst schnell. Stell dir vor, du kommst von der Arbeit nach Hause. Du bist gestresst. Das ist das Gegenteil von Meditation. Nun umzuschalten, sich ruhig hinzusetzen und die Aufmerksamkeit nach innen zu richten, ist nicht leicht. Wir möchten lieber fernsehen und uns berieseln lassen. Dieses Umschalten vom hektischen Alltag auf die stille Meditation ist Übungssache. Nach einiger Zeit wird es dir leicht fallen.

- **Skepsis**: Meditation ist nicht Bestandteil unserer Kultur. Es ist ein recht neues Phänomen in unserer Gesellschaft. Deswegen stehen viele Menschen der Meditation skeptisch gegenüber. Dies ist kulturell bedingt. In Thailand beispielsweise bräuchtest du niemanden zu überzeugen zu meditieren. In Deutschland dagegen, stehen Viele der Meditation argwöhnisch gegenüber. Hier wurde in den letzten Jahren viel Aufklärungsarbeit geleistet. Ich hoffe, dass ich dich mit den wissenschaftlichen Ergebnissen überzeugen konnte.

Kurze Zusammenfassung

- In diesem Kapitel wurde Meditation von mehreren Seiten beleuchtet. Ein wichtiger Mechanismus, warum Meditation so wunderbar funktioniert, ist, dass wir lernen uns nicht in unseren Gedanken zu verwickeln.
- Meditation ist wie Ping Pong: Unsere Aufmerksamkeit wandert zwischen Meditationsobjekt und unseren Gedanken. Bei einer Atem-Meditation ist das Meditationsobjekt der Atem. Wir richten unsere Aufmerksamkeit auf den Atem. Über kurz oder lang werden wir gedanklich abschweifen. Wenn wir das merken, kehren wir zu unserem Meditationsobjekt zurück. Ich sage ja, Meditation ist wie Ping Pong.
- Meditation hat unglaublich viele positive Effekte, die in zahlreichen Studien bewiesen wurden. Wir werden gelassener, Stress wird abgebaut, Ängste und Depressionen ebenso und das ist nur die Spitze des Eisbergs an positiven Effekten. Meditation wirkt aber auch auf körperlicher Ebene: Es ist das beste Anti-Aging-Mittel und unser Immunsystem wird gestärkt, neben weiteren Effekten.
- Darüber hinaus gibt es noch weitere Vorteile der Meditation, wie zum Beispiel, dass jeder meditieren kann.
- Leider meditieren noch immer nicht so viele Menschen.

Deswegen ist es toll, dass du dir dieses Buch zugelegt hast, denn es wird dein Leben sehr bereichern. Warum es vielen schwer fällt zu meditieren, hast du in diesem Kapitel erfahren.

Was du zum Meditieren brauchst (nicht viel)

„Denke immer daran, dass es nur eine wichtige Zeit gibt: Heute. Hier. Jetzt." – Leo Tolstoi

Worauf du dich in diesem Kapitel freuen kannst

- Die wichtigsten Zutaten, damit deine Meditation gelingt
- Umgebung: Für Meditation brauchen wir Ruhe
- Meditationsplatz: Du kannst, musst aber nicht, dir ein nettes Plätzchen für deine Meditationspraxis einrichten
- Timer: Ein „musthave"!
- Sitzhaltung: Welche Sitzhaltungen es gibt und welche du anwenden solltest
- Mudras (Das sind bestimmte Handhaltungen)

In diesem Kapitel geht es darum, was für unsere Meditationspraxis förderlich ist, wie zum Beispiel: eine ruhige Umgebung, die Sitzhaltung, ein Timer usw.

Umgebung

Zum Meditieren wäre vor allem Ruhe von Vorteil. Am besten machst du dein Handy aus oder stellst es auf Flugmodus, denn wenn man tief in eine Meditation versunken ist, kann das Piepsen einer Whatsapp-Nachricht ein Schock sein. Vielleicht sagst du auch deinen Familienmitgliedern Bescheid, dass du jetzt für ca. eine halbe Stunde meditierst. Ruhe wäre ideal, die ist aber nicht immer da: In Indien gibt es „Meditations-Retreats", die mitten in der Stadt sind. Dort wird eifrig meditiert, und das im dicksten Straßenlärm. Das ist eine Herausforderung. Mit Lärm zu meditieren kann bereichernd sein: Wir können beobachten, wie ärgerliche Gedanken auftauchen: „Warum muss der Autofahrer jetzt hupen? So ein Spacko! Ich will doch nur 20 Minuten meditieren! Ist das nervig!" Diese Gedanken zu beobachten und sich davon nicht einnehmen zu lassen, ist nicht einfach. Im Lärm ruhig zu bleiben ist eine Kunst.

Aber das sind fortgeschrittene Übungen. Für uns als Meditationsanfänger, ist es besser, in Ruhe zu meditieren. Falls doch hier und da Lärm auftaucht, so kannst du es als Dharma-Glocke sehen: Diese gibt es in buddhistischen Klöstern. Dort wird in unregelmäßigen Abständen eine Glocke geläutet. Alle Mönche halten kurz mit ihrer Arbeit inne und werden achtsam. Lärm kann auch eine Dharma-Glocke sein: Vielleicht bist du in der Meditation gerade in Gedanken, dann weckt dich die Dharma-Glocke auf. Du kannst dich sogar bei dem Lärm bedanken.

Meditationsplatz

Es gibt Meditations-Ratgeber, die empfehlen einen speziellen Meditationsplatz einzurichten: Dort kannst du dein Meditations-Kissen platzieren und sogar einen kleinen Altar errichten: Auf diesem könnte eine Buddha-Statue, Räucherstäbchen und vielleicht sogar ein Bild deines Meditations-Lehrers stehen. Du meditierst dann immer an diesem Meditationsplatz. Keine schlechte Idee: Dadurch wird dein Unterbewusstsein getriggert. Jedes Mal, wenn du zu diesem Meditationsplatz gehst, wird deinem Unterbewusstsein signalisiert, dass es ruhig werden kann, da gleich meditiert wird.

Ich selbst habe eine Freestyle-Variante gewählt, d. h. ich habe gar nichts gemacht. Wenn ich meditieren wollte, habe ich mich auf einen Stuhl oder Sessel gepflanzt, der grad in der Nähe war. Dann habe ich angefangen zu meditieren. Das war's. Die Freestyle-Variante hat den Vorteil, dass du unabhängig bist. Du bist von keinem Meditationsplatz, Altar oder Symbolen abhängig. Nein, du kannst meditieren, wo immer du gerne möchtest.

Welche Variante ist besser? Beide Varianten haben Vorteile. Es ist Typ-Sache. Du kannst das ganz nach deinem Bauchgefühl entscheiden und so machen, wie du dich wohl fühlst. Du kannst aber natürlich auch eine Zwischenlösung wählen: Vielleicht hängst du dir nur ein schönes inspirierendes Bild an die Wand, wo du regelmäßig meditierst. Diesbezüglich gibt es keine Regeln, denn bei der Meditation geht es ja um Freiheit. Du bist also vollkommen frei, zu entscheiden, wie dein Meditationsplatz aussieht.

Meditationskissen und Timer

Welches Zubehör brauchst du für deine Meditation? Du brauchst mindestens eins: Einen Timer. Die einfachste Lösung ist, wenn du dir eine kostenlose App auf dein Handy herunterlädst. Ich persönlich benutze die App „Meditation Helper“:

Diese App ist simpel, leicht zu bedienen und in wenigen Minuten bist du startklar für deine erste Meditation. Mehr brauchst du nicht.

Meditieren kannst du auf einem normalen Stuhl oder Sessel zu Hause. Wenn du aber gerne auf einem Meditationskissen meditieren möchtest, so spricht nichts dagegen. Ein Meditationskissen hat den Vorteil, dass man sich sehr mit der Erde verbunden fühlt. Dein Rücken ist automatisch aufrecht und die Wahrscheinlichkeit, dass du bei der Meditation einschläfst, ist gering. Für mich allerdings, da ich lange Beine habe, war ein Sitzkissen immer etwas unbequem. Deswegen habe ich es bevorzugt auf einem Stuhl oder im Sessel zu meditieren. Meditationskissen gibt es schon ab 19,95 EUR, zum Beispiel hier: https://www.amazon.de/dp/B07S9SPRWR/ref=twister_B07S7R8V9C?_encoding=UTF8&psc=1

Dies ist ein höheres Meditationskissen in blau. Es gibt zahlreiche andere Farben.

In einem späteren Kapitel werde ich dir noch weiteres Zubehör vorstellen. Es gibt wirklich sehr interessante, manchmal überflüssige, aber genauso hilfreiche Gadgets.

Sitzhaltung

Die klassische Sitzhaltung bei der Meditation ist der volle Lotussitz.

Quelle: Designed by freepik

Dieser volle Lotussitz ist etwas für Experten. Es gibt viele Möglichkeiten. Du kannst auf einem Meditationskissen sitzen, auf einer Meditationsbank, du kannst im halben Lotussitz oder einfach nur im Schneidersitz die Meditation verbringen.

Du hast also die Wahl. Ich bevorzuge den Stuhl. Ich verrate dir ein Geheimnis: Ich lehne mich sogar an oder benutze einen Sessel. Das ist völlig zulässig. Meditation sollte nicht noch durch die Körperhaltung erschwert werden. Wenn es schmerzt oder drückt, dann wird unsere Meditation beeinträchtigt und das sollte nicht sein.

Dazu sei angemerkt, dass es Meditationsschulen gibt, die Schmerzen während der Meditation akzeptieren. Sie vertreten die Meinung, dass wir in der Meditation lernen können mit Schmerzen umzugehen. Besonders in der Zen-Tradition wird dies so praktiziert.

Für Anfänger ist allerdings dieser Ansatz nicht geeignet. Es gibt ohnehin schon genügend Hindernisse für die Meditation. Da müssen nicht noch Schmerzen dazukommen. Wenn du allerdings fortgeschritten bist, vielleicht versuchst du‘s mal? Kurzum: Wähle eine Sitzposition, die für dich angenehm ist und dich während der Meditation nicht stört. Wenn es ein Stuhl oder Sessel ist, meinetwegen. Anlehnen ist auch völlig o. k.

Nur eine Regel solltest du beachten: Du solltest im Sitzen meditieren. Warum? Wenn du im Liegen meditierst, schläfst du zu leicht ein. Außerdem verursacht die Meditation im Liegen einen trägen Geist. Du kannst es gern mal probieren: Wenn du im Liegen meditierst, wird dein Verstand häufiger abschweifen, als wenn du im Sitzen meditierst. Die Ausnahme ist der „Bodyscan“: Hier ist die liegende Haltung ein Teil der Technik. Eine andere Ausnahme ist deine Gesundheit: Wenn du aus gesundheitlichen Gründen nicht sitzen kannst, so lege dich hin.

Mudras

Was machst du mit deinen Händen? Ich als „Freestyle-Meditierer“, platziere meine Hände dort, wo es komfortabel für mich ist. Wenn ich auf einem Stuhl sitze, so lege ich meine Hände auf die Oberschenkel oder auf die Knie. Meditiere ich im Sessel, so lege ich meine Hände gemütlich auf die Lehnen des Sessels.

Es gibt aber interessante andere Möglichkeiten, und zwar Mudras. Das sind spezielle Handhaltungen, die besondere Effekte haben sollen. Die Mudra, auf dem folgenden Bild, ist die bekannteste:

Quelle: Designed by freepik

Die Frau auf dem Foto hält das sogenannte **Jnana Mudra** (auch bekannt als Gyan Mudra). Dazu sitzt sie im schwierigsten Meditationssitz, dem vollen Lotussitz. Dieses Mudra bringt Klarheit, hellt die Stimmung auf und schenkt uns inneren Frieden und spirituelles Wachstum.

Ein weiteres sehr bekanntes Mudra, ist das **Dhyana Mudra**. In dieser Haltung saß Buddha, wenn er unter einem Feigenbaum meditierte. Die Mudra symbolisiert tiefe Meditation und du wirst das Dhyana Mudra an vielen Buddha Statuen entdecken.

Für Rechtshänder liegt die rechte über der linken Hand – für

Linkshänder andersherum. Du wirst dieses Mudra noch einmal bei der Energie-Meditation finden.

Die Mudra hilft dir, dich zu zentrieren. Es unterstützt dich, still zu werden und in einen meditativen Zustand zu gelangen.

Du kannst also zwischen drei Mudras wählen:

- Jnana Mudra: Daumen und Zeigefinger berühren sich.
- Dhyana Mudra: Die rechte liegt auf der linken Hand und die Daumenkuppen berühren sich.
- Freestyle: Die Hände ruhen entspannt auf den Oberschenkeln.

Kurze Zusammenfassung

- In diesem Kapitel wurden ein paar Elemente vorgestellt, die du zum meditieren mehr oder weniger brauchst.
- Bist du ein Minimalist oder ein Freestyle-Meditierer wie ich, so gibt es nur eins, was du wirklich brauchst: einen Timer. Genau, ein Timer ist für die Meditation unerlässlich. Zum Glück gibt es viele kostenlose Apps, die diese Aufgabe übernehmen. Nicht schaden kann es aber auch, wenn du eine ruhige Atmosphäre schaffst.
- Du kannst dir auch einen speziellen Meditationsplatz gestalten: Du kannst einen Altar aufstellen, mit einem Foto deines Lieblings-Meditations-Lehrers, eine Duftkerze und was du sonst noch gerne magst. Du musst das nicht tun - das ist alles ganz allein Geschmackssache.
- Wenn du es klassisch magst und vor allem biegsam bist, so kannst du darüber nachdenken, dir ein Meditationskissen oder -Bank anzuschaffen.
- Es gibt unterschiedliche Sitzhaltungen: Die wohl bekannteste ist der Lotussitz. Ich als Freestyle-Meditierer meditiere ganz frei, ohne spezielle Meditationshaltung. Entweder auf einem Stuhl oder in einem Sessel.
- Du kannst gerne Mudras verwenden: Das sind bestimmte Hand-oder Fingerhaltungen, die besondere, energetische Effekte haben sollen. Das bekannteste Mudra ist, wenn sich Daumen und Zeigefinger berühren. Du kannst aber auch einfach deine Hände auf deine Oberschenkel legen.

M.A.U.S: Die Formel für meisterhafte Meditation

„Das Ziel von Meditation ist nicht deine Gedanken zu kontrollieren, sondern sie daran zu hindern, dich zu kontrollieren." - Anonymos

Worauf du dich in diesem Kapitel freuen kannst...

- Was du beachten musst, um erfolgreich zu meditieren
- M.A.U.S macht meditationsfit (Vorsicht: Alliteration!)
- Wie du mit negativen Gefühlen umgehst
- Warum es wichtig ist, absichtslos zu sein

Bei der Meditation müssen wir ein paar Dinge beachten, damit es eine gute Meditation werden kann. Wenn wir nur eins dieser Elemente vernachlässigen, so kann die Meditation schief gehen. Diese Elemente, einer guten und meisterhaften Meditation, finden sich im Akronym M.A.U.S wieder. Leider werden in vielen Meditations-Kursen diese Erfolgsfaktoren vernachlässigt.

Kennst du die Sendung mit der Maus? Sie hat mich in meiner Kindheit begleitet und ich habe lange Zeit keine Folge verpasst. Die Maus hatte immer eine Lösung und war sehr weise. Tolle Sache!

Deswegen hält die Maus als Formel für eine erfolgreiche Meditationspraxis her. Sie enthält alles, was du brauchst, um ein Meister der Meditation zu werden.

Es ist eine gute Idee, wenn du dir vor jeder Meditation die Formel M.A.U.S kurz ins Gedächtnis rufst. Das sollte nicht lange dauern:

Meditationsdauer: Es ist wichtig, dass wir Meditationen nicht abbrechen. Eine Meditation kann sich schon mal ziehen: Die 15 Minuten kommen uns ewig vor und langweilig ist es auch. Wir werden unruhig und würden am liebsten die Meditation abbrechen. Tue es nicht!

So etwas machen wir im Alltag schon zur Genüge: Wir haben die Tendenz, wenn negative Gedanken oder Gefühle auftauchen, sie zu verdrängen. Wir trinken ein Glas Bier, schauen Fernsehen, spielen Videospiele. All das nur, damit wir unsere negativen Gedanken und Gefühle nicht fühlen müssen. In der Meditation machen wir das anders: Wir lernen mit negativen Gedanken und Gefühlen geschickt umzugehen. D.h. wir benutzen die Einsgerichtetheit des Geistes, um zu unserem Meditationsobjekt zurückzukehren, oder bei intensiven Gefühlen, nutzen wir den geschickten Umgang mit negativen Gefühlen. Einsgerichtetheit bedeutet, dass wir unseren Geist bewusst auf nur ein Ding ausrichten. Der Verstand schweift nicht umher, nein, er verweilt auf einer Sache.

Aus diesem Grund es ist wichtig, dass wir uns vor der Meditation verpflichten, die Meditation in der vollen Länge zu praktizieren. Dadurch erkennen wir, dass wir mit negativen Gedanken und Gefühlen umgehen können. Sie kommen und gehen und wir sind uns dessen bewusst. Wir sind nicht unsere Gedanken und Gefühle, wir beobachten sie. Also, trotz Langeweile oder trotz anderer negativer Gedanken und Gefühle brechen wir unsere Meditation nicht ab.

Ausnahme: Es gibt allerdings eine Ausnahme. Es gibt die geniale Technik Mini-Gewohnheiten. Dies ist eine tolle Technik, um Meditation zu einer Gewohnheit zu machen. Du kannst darüber mehr im Kapitel Mini-Gewohnheiten lesen. Bei dieser Technik nehmen wir uns vor, nur 1 Minute zu meditieren. Das bedeutet hier können wir die Meditation nach 1 Minute abbrechen. Wichtig ist aber, dass wir die Meditation nie in einem schlechten Gefühl oder mit negativen Gedanken abbrechen. Denn dann tritt genau das ein, was wir im Alltag in solchen Situationen machen: Wir verdrängen negative Gedanken und Gefühle, anstatt geschickt mit ihnen umzugehen.

Absichtslos: Unsere Meditation sollte absichtslos sein. D.h. sie ist prozessorientiert und nicht zielorientiert. In der Meditation sollten wir ganz simpel der Meditationsanweisung folgen, nicht mehr und nicht weniger. Dann machen wir alles richtig. Wenn wir allerdings einem Ziel folgen, zum Beispiel Entspannung, so führt das schnell zur Verkrampfung und dem genauen Gegenteil von Entspannung. Wenn wir uns während der Meditation fragen: „Mache ich das jetzt richtig? Ich fühle mich noch immer nicht entspannt,“ dann ist das hinderlich. Wir machen das in unserem Alltagsleben genug. Meditation dagegen bedeutet, im Jetzt zu sein und nicht in der Zukunft, also einem zukünftigen Ziel folgend. Wenn du dich einfach dem Prozess der Meditation hingibst, so wird er automatisch dazu führen, dass dein Gedankenstrom sich verdünnt und du dich entspannst. Wenn es aber nicht geschieht, so ist das auch o. k.

Natürlich sind wir alle nur Menschen: Wir bewerten und wir haben Absichten. Wir können uns vornehmen absichtslos zu sein, aber das wird uns nicht immer gelingen. Das macht nichts. Wir sollten sanft und wohlwollend mit uns selbst umgehen. Wenn wir merken, dass wir uns anspannen und Ziele verfolgen, so bemerken wir das einfach und kehren direkt zur Meditationsanleitung zurück.

Zum Beispiel: Angenommen du machst gerade eine Atem-Meditation. Die Anleitung bedeutet, dass du deinen Atem beobachtest. Tauchen jetzt negative Gedanken oder Gefühle auf, merkst du sie kurz und kehrst einfach zurück zur Beobachtung deines Atems.

Übrigens bedeutet „absichtslos" auch, dass wir uns und die Meditation **nicht bewerten**. Es ist nicht optimal, wenn wir während oder nach der Meditation sagen: „Das war eine schlechte Meditation! Irgendwas habe ich falsch gemacht." Meditationen können manchmal voller Gedanken und sogar Unruhe sein. D.h. aber nicht, dass sie deswegen schlecht waren. Vielleicht waren sie sogar besonders heilsam. Wenn du der Meditations-Anleitung folgst, so hast du automatisch eine gute Meditation, auch, wenn sie dir vielleicht schlecht erscheint, so mag dies trügerisch sein. Also: Nicht bewerten!

Umgang mit negativen Gedanken und Gefühlen: In der Meditation kommt es häufig vor, dass wir abschweifen. Wir hängen dann unseren Gedanken nach und vergessen unser Meditationsobjekt. Das ist normal und in diesem Fall kehren wir einfach zu unserem Meditationsobjekt zurück.

Schweifen wir gedanklich ab, so richten wir unsere Aufmerksamkeit einfach wieder auf das Meditationsobjekt.

Meine Erfahrung ist, dass Meditationen meistens ruhig sind. Negative Gefühle tauchen nicht oft auf. Falls aber welche auftreten sollten, ist es gut zu wissen, was man tun sollte.

Die Grundregel ist immer: Treten störende Gedanken oder Gefühle auf, so richten wir unsere Aufmerksamkeit einfach wieder auf das Meditationsobjekt. Ganz einfach.

Es gibt allerdings ein Hindernis: Manchmal gelingt uns das nicht so recht. Manchmal sind unsere negativen Gedanken oder Gefühle so stark. Wir sind dann schon so verwickelt, dass es uns nicht gelingt, uns auf unser Meditationsobjekt zu fokussieren. In diesem Fall richten wir unsere Aufmerksamkeit auf die Körperempfindungen.

Eric praktizierte eine Mantra-Meditation. Seine Gedanken wanderten hin zu seiner kürzlich beendeten Beziehung. Er bemerkte es nicht und so verwickelten sich seine Gedanken. Ein schmerzliches Gefühl des Verlustes kam auf. Erst als es bereits sehr intensiv war, bemerkte Erik es, er versuchte zum Meditationsobjekt zurückzukehren. Es gelang ihm aber nicht. In seinem Kopf schwirrten die Gedanken: „Ich werde nie wieder so eine tolle Frau finden. Ich werde allein bleiben und mein Leben wird traurig sein. Ich werde nie wieder eine andere Frau finden und einsam sterben. Ich werde mein ganzes Leben unglücklich sein!" Diese Gedanken führten zu außerordentlich negativen Gefühlen. Dann erinnerte sich Erik daran, dass er in einem solchen Fall seine Aufmerksamkeit auf die Körperempfindungen lenken sollte. Er verspürte einen starken Druck im Solarplexus. Er richtete seinen Fokus darauf. Da er nun seine Aufmerksamkeit nicht mehr auf die negativen Gedanken, sondern auf seine Körperempfindungen gerichtet hatte, nahm das negative Gefühl ab. Nach etwa 1 Minute, war das negative Gefühl so deutlich gesunken, dass Erik seine Aufmerksamkeit wieder auf das Meditationsobjekt richten konnte.

Das ist ein typisches Beispiel, wie intensiv negative Gefühle in einer Meditation auftauchen können. Erik hat es vollkommen richtig gemacht und seine Aufmerksamkeit auf seine Körperempfindungen gelenkt, dadurch wurden seine Gefühle weniger.

Wir können also folgern:

1. Bei **leichten negativen Gefühlen** kehren wir zum Meditationsobjekt zurück.

2. Bei **intensiven negativen Gefühlen** richten wir unsere Aufmerksamkeit so lange auf unsere Körperempfindungen, bis die Intensität so weit gesunken ist, dass wir unsere Aufmerksamkeit wieder auf das Meditationsobjekt richten können.

Spielerisch: Die oberste Regel ist: Gehe spielerisch an die Meditationen heran. Wir sind im Alltag schon gestresst und ernst genug. Meditationen können sehr ernsthaft wirken, aber Meditation sollte spielerisch sein. Gehe locker damit um, dann wird es eine perfekte Meditation und wenn sie am Ende nicht perfekt ist -auch gut.

Es ist nicht immer leicht, spielerisch an die Meditation heranzugehen, denn Meditation hat etwas sehr Ernsthaftes und Wichtiges. Besonders Zen-Mönche sind für ihr ernsthaftes Meditieren bekannt. Es kann sogar passieren, dass sie während der Meditation vom Meister mit einem Holzstock eins übergebraten kriegen. Nicht in jeder buddhistischen Meditation geht es so ernsthaft zu.

Orientieren wir uns lieber an diesem Mönch aus dem Theravada-Buddhismus.

Das waren die 4 Elemente einer guten Meditation. Mit dem Akronym M.A.U.S kannst du dir diese Elemente gut merken.

Kurze Zusammenfassung

Es gibt ein paar Sachen, die du auf jeden Fall bei der Meditation beachten solltest. Die Formel M.A.U.S fasst diese zusammen:

M = Meditationsdauer: Verpflichte dich, eine bestimmte Meditationsdauer von 15-20 Minuten (oder je nachdem, welche Zeit angegeben ist) durchzuhalten. Breche die Meditation nicht vorher ab.

A = Absichtslosigkeit: Es ist wichtig, dass du während der Meditation kein Ziel verfolgst. Denn dadurch verkrampfst du und das steht der Entspannung im Wege. Halte dich einfach an die Meditationsanleitungen, ohne den Erfolg deiner Meditation zu hinterfragen.

U = Umgang mit negativen Gefühlen und Gedanken: In der Meditation treten Gedanken und auch negative Gefühle auf, wie Langeweile oder Unruhe. Das ist gar nicht schlimm und sogar normal. In diesem Fall kehrst du einfach zum Meditationsobjekt zurück.

In seltenen Fällen können intensive negative Gefühle entstehen, wie zum Beispiel Wut oder Ängste. In solchen Fällen kann es schwierig sein, deine Aufmerksamkeit auf das Meditationsobjekt zu richten. Dann richte deine Aufmerksamkeit auf die begleitenden Körperempfindungen, dadurch werden die intensiven Gefühle nachlassen.

S = Spielerisch: Gehe spielerisch an Meditation heran. Auch wenn Meditation manchmal ernsthaft und einschüchternd wirkt, so ist es das Beste, einfach spielerisch damit umzugehen. Dadurch bist du von vornherein entspannt und locker, du machst keine Fehler, sondern es gibt nur Feedback. Übrigens: Eine spielerische Herangehensweise ist für alle Bereiche des Lebens eine gute Idee.

Am besten wendest du M.A.U.S vor jeder Meditation an: D.h., ein paar Sekunden lang vergegenwärtigst du dir, was M.A.U.S bedeutet.

Audio-Meditation zum Gratis Download

Du erhältst von mir vier Audio-Meditationen als Geschenk, die ich selbst gesprochen habe. Unter diesem Link kannst du sie dir unverbindlich und gratis herunterladen:

https://detlefbeeker.de/4-audio/

Diese Meditationen erwarten dich:

Kirtan Kriya Meditation:

Die Kirtan Kriya Meditation nutzt Mantras, Mudras und Visualisierungen, um schnell Energie und Entspannung aufzubauen. Sie ist sehr effizient, da sie nur 12 Minuten dauert. Besonders gestresste Menschen, die viele Gedanken haben, profitieren von ihr.

Energie-Meditation:

Die Energie-Meditation baut sehr schnell Energie auf und Stress ab. Sie wirkt auf mehreren Ebenen, da Atemtechniken mit Ansätzen aus dem Kundalini-Yoga und Mudras verbunden werden. Langfristig angewendet kann diese Meditation heilen.

Atem-Meditation:

Die Atem-Meditation ist die weitverbreitetste Meditationsform. Sie ist simpel, da der Meditierende einfach nur seine Aufmerksamkeit auf den Atem richtet. Sie wirkt sehr entspannend.

Body-Scan:

Der Body Scan ist herrlich entspannend. Dabei legen wir uns hin und gehen mit unserer Aufmerksamkeit durch den ganzen Körper. Dadurch werden körperliche und geistige Spannungen abgebaut.

TEIL 2: 10 GENIALE MEDITATIONEN

„Meditation verändert dein Gehirn vollständig und damit auch, wer du bist.“

In den meisten Meditations-Kursen lernst du nur eine Meditation kennen. Die Wahrscheinlichkeit ist gering, dass dir diese Meditation liegt. Jeder Mensch ist anders und deswegen lernst du in diesem Buch zehn unterschiedliche Meditationen kennen.

Wenn wir in ein Restaurant gehen, dann gibt es ja auch nicht nur ein Gericht. Nein, es gibt eine Vielzahl, je nach Geschmack. So wird es in diesem Buch ebenfalls gehandhabt: Es gibt ein Menü von schmackhaften Meditationen, von denen dir sicher die ein oder andere besonders gefallen wird.

In den nächsten zehn Tagen wirst du zehn verschiedene Meditationen kennen lernen. D.h., jeden Tag kannst du dich auf eine andere Meditation freuen. Das hat zum einen den Sinn, dass du viele verschiedene Meditationsformen kennen lernst und dir die heraussuchen kannst, die dir am meisten bringen. Durch diese Abwechslung wird es in den zehn Tagen nicht langweilig. Wahrscheinlich bist du ohnehin motiviert und die Abwechslung lässt deine Motivation etwas länger anhalten. Abwechslung ist immer interessant und motivierend.

Ich empfehle dir, diesen 10-Tage-Rhythmus einzuhalten. Wenn es dir aber mal zu schnell geht oder du eine Meditation einfach vertiefen möchtest, so kannst du natürlich deinen eigenen Rhythmus wählen. Du kannst dann beispielsweise eine Meditation an zwei Tagen hintereinander machen. Nur solltest du für diese zehn Tage keinen Tag ausfallen lassen. Also, jeden Tag einmal meditieren für zehn Tage. Auch solltest du alle zehn Meditationen einmal ausprobiert haben, denn sie alle haben sich bewährt und erzielen wunderbare positive Effekte.

Am Anfang eines jeden Tages siehst du eine Abbildung, wie diese:

Dauer:	15-20 Minuten
Meditationsobjekt	Atem
Entspannung	★★★★★
Energie	★☆☆☆☆

Einfachheit ★★★★★

Diese Abbildung siehst du vor jeder Meditationsform. Dort steht die ideale Dauer der Meditation und was das Meditationsobjekt ist. Das Meditationsobjekt spielt eine zentrale Rolle, wie du schon im Kapitel M.A.U.S erfahren hast.

Dann folgen drei Kategorien mit den entsprechenden Sternen. Maximal sind fünf Sterne zu erreichen. Sie sind bei dem Beispiel, dass die Meditation fünf Sterne beim Merkmal „**Entspannung**" erreicht hat. D.h., diese Meditation ist maximal entspannend. Beim Merkmal „**Energie**" wird nur ein Stern erreicht. Also baut diese Meditation nicht sonderlich Energie auf. Je mehr Sterne hier erreicht werden, desto größer ist der Energieschub, der bei dieser Meditation erreicht wird. Als letztes folgt das Merkmal „**Einfachheit**". Je mehr Sterne hier erreicht werden, desto einfacher ist die Meditation. Du siehst im Beispiel das hier fünf Sterne gegeben wurden und das bedeutet, dass diese Meditation wirklich sehr einfach zu erlernen ist.

Tag 1 Atem-Meditation

„Atme und lass sein." – Jon Kabat-Zinn

Worauf du dich in diesem Kapitel freuen kannst ...

- Die einfachste Meditation
- Was ist Atem-Meditation und welche Varianten gibt es?
- Die zahlreichen Vorteile der Atem-Meditation
- Die Schritt-für-Schritt-Anleitung

Dauer:	15-20 Minuten
Meditationsobjekt	Atem
Entspannung	★★★★★
Energie	★☆☆☆☆
Einfachheit	★★★★★

Was es ist

Diese Meditationsform ist der Klassiker. Sie wird im Sanskrit auch *Anapanasati* genannt. Es ist die einfachste Form einer Meditation und hat einen sehr entspannenden Effekt. Dabei achtet der Meditierende auf die körperlichen Empfindungen des Atmens. Beispielsweise kannst du deine Aufmerksamkeit darauf richten, wie die Luft beim Ein- und Ausatmen an deinen Nasenlöchern entlangströmt. Du kannst aber auch jede andere Sensation, die mit dem Atmen zu tun hat, deine Aufmerksamkeit schenken, wie zum Beispiel das Heben und Senken des Brustkorbs. Hierbei dient der Atem als Anker. D.h., wenn unsere Aufmerksamkeit abschweift und wir in Gedanken sind, kehren wir einfach immer wieder zum Atem zurück.

Die Atemmeditation ist im Buddhismus sehr verbreitet. Gautama Buddha selbst hat diese Meditationsform zur Beruhigung des Geistes empfohlen. Gautama Buddha ist DER Buddha, also der Erste, der Begründer des Buddhismus. Buddha heißt übrigens wörtlich *„Der Erwachte"*.

Es gibt viele verschiedene Formen der Atemmeditation. Die, die ich dir in diesem Buch vorstelle, ist eine passive Art. D.h., hier beobachten wir einfach nur den Atem. Wir sind also passiv und versuchen nicht den Atem zu manipulieren. Zu der passiven Form gehören:

- **Atem zählen**: Diese Meditationsform wird Anfängern empfohlen. Dabei werden unsere Atemzüge gezählt. Ich empfehle diese Variante gerne, wenn jemand nicht einschlafen kann. Dabei wird jeder Atemzug gezählt, bis wir 50 erreicht haben. Am besten zählen wir beim Ausatmen. Wir atmen also ein und aus und sagen innerlich eins. Dann atmen wir wieder ein und aus und denken zwei usw. bis wir 50 erreicht haben. Das ist übrigens erstaunlich schwierig, da unsere Gedanken sehr leicht abschweifen oder wir ganz einfach einschlafen. Wenn wir aus dem Takt kommen, müssen wir von vorne anfangen. Es gibt aber auch kompliziertere Varianten, wie zum Beispiel, dass wir beim Einatmen von 1-50 zählen und beim ausatmen von 50 rückwärts bis 1 zählen. Das sieht dann so aus: einatmen eins, ausatmen 50, Einatmen zwei, ausatmen 49 usw. Diese Form der Atemmeditation wird normalerweise nur am Anfang angewendet.
- **Atem beobachten:** Dies ist die am weitesten verbreitete Form der Atemmeditation. Hierbei beobachten wir einfach nur

passiv den Atem ohne einzugreifen. Das ist ungeheuer entspannend und eine sehr einfache Technik. Das ist übrigens die zentrale Meditationsform beim bekannten MBSR (Mindfulness Based Stress Reduction). Dies ist ein 8-wöchiges Anti-Stress-Programm, welches von Jon Kabat-Zinn entwickelt wurde. Es hat sich auf der ganzen Welt verbreitet.

- **Atem mit Affirmation verbinden:** Dies macht der berühmte Meditationsmeister *Thich Nhat Hanh*. Das sieht dann wie folgt aus:
  Atme ein und sage oder denke: „Einatmend beruhigen sich Körper und Geist."
  Atme aus und sage oder denke: „Ausatmend lächle ich mir zu."
  Diese Meditationsform finde ich persönlich sehr entspannend. Es gibt noch mehr Affirmationen, die man sagen kann, aber das ist die einfachste Variante.

Bei den **aktiven** Atemmeditationen greifen wir aktiv in den Atem ein. Hier gibt es ganz viele Atemtechniken. Ich zähle einige bekannte auf:

- **Verbundener Atem**: Diese Atemtechnik wurde durch meinen Kollegen Rüdiger Dahlke bekannt gemacht. Dabei lassen wir zwischen Ein- und Ausatmen keine Pause. Der Atem wird also verbunden. Das ist sowohl entspannend als auch energetisierend. Der Vorteil: Du kannst es überall machen. Wartest du in einer Schlange im Supermarkt, mache den verbundenen Atem. Wartest du vor einer roten Ampel, praktiziere den verbundenen Atem. Du kannst es aber auch als „richtige" Meditation machen. Dafür setzt du dich 10-15 Minuten hin und praktizierst den verbundenen Atem. Sehr zu empfehlen!
- **Yogische Atemtechniken**: Im Yoga gibt es viele verschiedene Atemtechniken, wie das *Feueratmen,* bei dem man ganz schnell ein- und ausatmet und somit sehr viel Energie erzeugt. Sehr beruhigend ist die *Wechselatmung* bei der man sich das linke bzw. rechte Nasenloch nacheinander zu hält. Ein Ableger yogischer Atemtechniken ist die bekannte 4-7-8-Atmung von Doktor Weil. Diese ist wissenschaftlich untersucht und hat sich sehr gegen Stress und Ängste bewährt.

Man kann ein eigenes dickes Buch über Atemtechniken und Atemmeditation schreiben. Wir beschränken uns hier auf die wichtigste Atemmeditation und zwar das passive Beobachten des

Atems. Sie ist sehr einfach und sehr wirkungsvoll und ist die bekannteste und am weitesten verbreitete Atemmeditation.

Was du davon haben wirst

Wir haben schon eine Menge großartiger Vorteile von Meditation kennen gelernt. Jede Meditationsform hat zusätzlich noch eigene, spezifische Vorteile. Diese werden in diesem Kapitel aufgeführt. Die Atemmeditation hat eine Reihe von Vorzügen:[1]

Fokus: In der Atemmeditation fokussieren wir uns auf den Atem – er ist unser Meditationsobjekt. Wir lernen immer besser und besser uns auf unseren Atem zu konzentrieren. Wir stärken dadurch unsere Konzentrationsfähigkeit. Diese neu erworbene Fähigkeit können wir auch in anderen Situationen und im Alltag anwenden und nutzen.

Geduld: Ungeduld bedeutet, dass wir dem gegenwärtigen Moment entfliehen möchten. Wir warten bspw. in einer Schlange, werden ungeduldig und unruhig. Wir akzeptieren die Situation nicht so, wie sie gerade ist. In der Meditation lernen wir mit dem zu sein, was gerade da ist, egal was es ist, ob Entspannung oder Anspannung. Anders gesagt, wir trainieren also unsere Geduld.

Klarheit: Wir sind unklar, wenn wir zu viele Gedanken haben. Sie schwirren durch unseren Kopf und verwirren uns. Das Gegenmittel ist, den stetigen Strom der Gedanken auszudünnen. Je weniger Gedanken, desto klarer sind wir. Dafür ist die Atemmeditation hervorragend geeignet: Unsere Gedanken werden weniger und die Klarheit nimmt zu.

Verspannungen: Wir sind immer leicht angespannt, ohne es zu merken. Das ist eine chronische Anspannung. Hinzu kommen Verspannungen durch Stresssituationen, in denen wir unwillkürlich unsere Schultern- und Nackenmuskeln anspannen. Deswegen leiden heutzutage viele unter Kopf- und Nackenschmerzen. Zudem verbringen wir viele Stunden sitzend, was zusätzlich zu Spannungen führt.

Atem-Meditation ist dagegen sehr entspannend. Zudem wirst du auch im Alltag achtsamer werden. Du wirst schneller wahrnehmen, wann

---

[1] Die folgenden Vorzüge sind aus dem hervorragenden Buch *Decker, Benjamin W. Practical Meditation for Beginners: 10 Days to a Happier, Calmer You* und dem Artikel https://www.wearesalt.org/10-benefits-of-breathing-meditation/.

du dich verspannst und kannst dem entgegenwirken.

Selbsterkenntnis: In der Meditation beobachtest du deine Innenwelt: Du lernst deine Gedanken, Gefühle und Muster kennen. Kurz: Du lernst dich selbst besser kennen. Das ist eine wertvolle Sache, denn du kannst ein Problem nur lösen, wenn du es erst einmal erkennst.

„Selbsterkenntnis ist der erste Schritt zur Besserung." Fernöstliches Sprichwort

---

Selbstregulierung: Dein neu entwickeltes Selbstbewusstsein wird eine direktere Wahrnehmung deiner körperlichen und geistigen Reaktionen auf deine Lebenserfahrungen ermöglichen, da du dich allmählich weniger an die Geschichten hältst, die du dir über deine Gefühle und Gedanken erzählst (z.B. "Ich bin wütend, weil er mich misshandelt hat") und mehr in Kontakt mit der einfachen Präsenz der Gefühle und Gedanken selbst gehst. Infolgedessen wirst du anfangen, deine Rolle unter verschiedenen Umständen zu sehen, deine Wachstumschancen zu erkennen und eine Beziehung zu dir selbst zu entwickeln, die liebevoller, verzeihender und offener für neue Möglichkeiten ist.

Freude: Die einfachen Dinge zu schätzen, das große vorübergehende Geschenk des Lebens und die Schönheit in allen Aspekten des Lebens, ist vielleicht einer der wichtigsten Aspekte des Lebens. Die mächtigsten, erfüllendsten Vorteile des Übens von Atembewusstsein. Indem du dich entscheidest, dir bewusst zu werden, entscheidest du dich dafür, die Kontrolle über deine Aufmerksamkeit und Perspektive zurückzuerobern, die selbst alltägliche Aufgaben, wie Geschirrspülen oder Kaffee kochen, in etwas Freudiges und Schönes verwandeln kann.

Aktionsplan

Nun geht's los. Wir kommen zur eigentlichen Meditation. Zuerst bereiten wir uns kurz vor, und dann erlebst du deine erste Meditation.

Vorbereitung

1. Umgebung: Achte darauf, dass du die nächsten 15-20 Minuten ungestört bist. Schalte dein Handy auf Flugmodus und sage gegebenenfalls deinen Liebsten Bescheid, dass du nun meditierst.

2. Haltung: Setze dich in einen bequemen Stuhl oder Sessel. Du kannst dich dabei gerne anlehnen. Bei der Meditation ist es besser zu sitzen als zu liegen, da man dabei leicht einschläft und der Geist träge wird. Man kann sich auch auf ein Meditationskissen oder Hocker setzen.

3. Vergegenwärtige dir M.A.U.S

M = Meditationsdauer

A = Absichtslosigkeit

U = Umgang mit schwierigen Gedanken & Gefühlen

S = Spielerische Herangehensweise

4. Nimm ein paar tiefe Atemzüge: Atme ein paar Mal tief in den Bauch ein und aus, um etwas zur Ruhe zu kommen.

Nun, da du dich vorbereitet hast, geht's los mit der eigentlichen Meditation.

Los geht's!

1. Beobachte deinen Atem: Schließe deine Augen und beobachte nun deinen Atem. Sei dabei offen und neugierig. Versuche nicht, deinen Atem zu ändern. Beobachte ihn ganz neutral. Wenn er sich von selbst ändert, so ist das kein Problem.

Du kannst deinen Atem beobachten, wie er sich an deinen Nasenlöchern anfühlt. Du kannst aber auch den ganzen Weg deines Atems, von der Nase zu den Lungen zu deinem Bauch verfolgen. Probiere gerne beide Varianten aus und spüre, was sich für dich besser anfühlt.

2. Gedanken: In der Meditation passiert es häufig, dass der Verstand wandert. Wenn du merkst, dass du nicht mehr bei deinem Atem bist, sondern in Gedanken, sage innerlich „**Gedanken**". Dann bringe deine Aufmerksamkeit sanft zurück auf deinen Atem. Dein Atem ist dein Meditationsobjekt.

Ausklang

1. Ende: Beobachte weiter den Fluss deines Atems. Nach 15 - 20 Minuten kannst du deine Meditation beenden. Komme dazu langsam in den Raum zurück, recke und strecke dich, dann öffne deine Augen.

2. Belohne Dich! Das hast du gut gemacht! Du hast meditiert - dafür hast du eine Belohnung verdient. Da kannst du kreativ sein, aber zumindest kannst du dich innerlich selbst loben: „Das habe ich gut gemacht!"

Wann? Wie oft? Am besten führst du diese Meditation täglich durch, mindestens aber dreimal pro Woche. Wenn du etwas mehr Erfahrung hast, solltest du etwa 15-20 Minuten meditieren. Wenn du aber Lust zu 30 Minuten oder mehr hast, dann nur zu.

Tipps & Tricks:

- **Oft höre ich: „Meditation ist nichts für mich. Ich bin zu unruhig."** Ganz ehrlich? Jeder ist anfangs unruhig in der Meditation. Das ist ganz normal. Und gerade dann, wenn es uns schwerfällt, sollten wir die Meditation machen. Das ist in etwa so, als wenn eine Couch-Potato sagt: „Joggen ist nichts für mich. Das ist viel zu anstrengend." Wenn es sehr anstrengend ist, so ist die Coach-Potato außer Form und sollte erst recht joggen. Genauso ist es mit der Meditation. Je unruhiger unser Geist ist, desto eher sollten wir meditieren.
- **Gedanken**: Wenn du abschweifst und innerlich zu dir „Gedanken" sagst, so erinnert dich dies daran, dass es bloß Gedanken sind. Keine große Sache. Lass dich nicht auf die Geschichte ein, mache dir nur klar, dass es einfach nur Gedanken sind.

Ressourcen

Geführte Meditation. Gerade für den Anfang ist es auch sehr angenehm, sich anleiten zu lassen. Im Internet gibt es massig geführte Meditationen. Ich finde diese https://bit.ly/2qdqORs (9 Minuten) sehr angenehm. Sie ist aus dem MBSR (Mindfullness Based Stress Reduction). Die Anleitung ist knappgehalten und es wird einem viel Raum gelassen. Du kannst auch eine etwas längere Variante anhören (15 Minuten): https://www.youtube.com/watch?v=TnSo3z0c_eI. Du kannst aber auch einfach bei YouTube" Atem-Meditation" eingeben und du wirst eine Menge geführte Meditationen finden. Suche dir eine aus, die dir gefällt.

Möchtest du tiefer gehen? Dann empfehle ich dir das Buch „Im Alltag Ruhe finden" von Jon Kabat-Zinn. Ich bin ein großer Fan dieses Autors, denn er hat als einer der ersten Meditation wissenschaftlich untersucht und ferner das Anti-Stress-Programm MBSR (Mindfulness

Stress Reduction) entwickelt.

Kurze Zusammenfassung

- Die Atem-Meditation ist eine der weitverbreitesten Meditationen. Das liegt daran, dass sie so einfach zu erlernen und trotzdem sehr wirkungsvoll ist. Sie ist der Klassiker unter den Meditationen. Wenn du zu einem beliebigen Meditations-Kurs gehst, dann wirst du höchstwahrscheinlich als erstes die Atem-Meditation lernen.
- Sie ist denkbar einfach: Du richtest deine Aufmerksamkeit auf deinen Atem. Das war es schon. Wenn du gedanklich abschweifst, dann richte deine Aufmerksamkeit von den Gedanken weg auf den Atem.
- Dabei solltest du deine Atmung nicht manipulieren: Versuche also nicht tief in den Bauch zu atmen, sondern lasse los. Lasse dich atmen, versuche nicht zu kontrollieren.

Tag 2 Achtsames Essen

„Ihr solltet Meditation üben beim Gehen, Stehen, Liegen, Sitzen und Arbeiten, beim Händewaschen, Abspülen, Kehren und Teetrinken, im Gespräch mit Freunden und bei allem, was ihr tut. Wenn ihr abwascht, denkt ihr vielleicht an den Tee danach und versucht, es so schnell wie möglich hinter euch zu bringen, damit ihr euch setzen und Tee trinken könnt. Das bedeutet jedoch, dass ihr in der Zeit, wo ihr abwascht, nicht lebt. Wenn ihr abwascht, muss der Abwasch das Wichtigste in eurem Leben sein. Und wenn ihr Tee trinkt, dann muss das Teetrinken das Wichtigste auf der Welt sein." – „Thích Nhất Hạnh"

Worauf du dich in diesem Kapitel freuen kannst ...

- Eine Meditation, die du jederzeit anwenden kannst – auch beim Essen
- Die vielen Varianten und Vorteile des achtsamen Essens
- Die genaue Anleitung

Dauer:	10-15 Minuten
Meditationsobjekt	Atem oder Sinneseindrücke (Essen)

Entspannung	★★☆☆☆
Energie	★☆☆☆☆
Einfachheit	★★★★★

Was es ist

Essen kann ebenfalls eine Meditation sein. Das Essen selbst ist das Meditationsobjekt. Es können aber auch der Atem oder andere Sinneseindrücke sein. Durch achtsames Essen wirst du dein Essen mehr genießen.

Ich selbst hatte viele Jahre die Angewohnheit, vorm Fernseher zu essen. Das ging so weit, dass ich immer, wenn ich mir auf meinem PC eine Serie anschaute, Hunger bekam. Es wird noch verrückter: Ich aß so lange, wie die Serie dauerte. Ich bekam gar nicht mehr mit, wann ich gesättigt war. Kein Wunder, dass ich zu der Zeit ein paar Kilos zu viel hatte. Gleichzeitig konnte ich mein Essen nicht richtig genießen, da meine Aufmerksamkeit geteilt war. Zum Glück gewöhnte ich mir an, ohne fernsehen zu essen.

Diese Meditation steht stellvertretend für die vielfältigen Möglichkeiten, im Alltag zu meditieren. Wir können also nicht nur beim Essen meditieren, nein, wir können es auch beim Duschen, Zähneputzen, Autofahren, bei der Arbeit usw. Deswegen ist diese Meditation besonders wertvoll. Stell dir vor, wie angenehm es wäre, wenn du beim Autofahren meditierst: Der Weg zur Arbeit wäre nicht mehr stressvoll, sondern eine Gelegenheit zu meditieren. Oder sonst lästige Arbeiten, wie abspülen, staubsaugen oder das Zimmer aufräumen, können so zu einer Meditation werden, die dir inneren Frieden und Freude bringt. Meditation im Alltag oder 24 Stunden zu meditieren, das ist das Ziel. Es ist eine neue Weise des Seins.

Wir unterscheiden zwei Arten von Meditationen:

- **Formlose Praxis**: Achtsames Essen gehört zur formlosen Praxis der Meditation. Hier sind wir einfach im Alltag bei unseren normalen Tätigkeiten achtsam. Die formlose Praxis hat den Vorteil, dass wir jederzeit meditieren können.
- **Formelle Meditationen**: Dies sind Meditationen, die eine bestimmte Technik erfordern und zu bestimmten Zeiten

durchgeführt werden, wie zum Beispiel die Atemmeditation.

Im Vergleich zu formellen Meditationen, die zu bestimmten Zeiten durchgeführt werden, ist Meditation im Alltag weniger tiefgehend. Das ist ganz natürlich. Wir sind durch den Alltag abgelenkt. Trotzdem sind Alltagsmeditationen, wie achtsames Essen, sehr wohltuend und wichtig.

Was du davon haben wirst

Die formlose Praxis hat ähnliche Vorzüge wie formelle Meditationen:

- Stress und Ängste werden abgebaut
- Fokus und Konzentration erhöht
- Unser Immunsystem wird gestärkt und
- Depression werden abgebaut

Die Liste ist noch viel länger, aber du kannst dies gerne im Grundlagenteil nachschauen.

Darüber hinaus hat die formlose Praxis den großen Vorteil, dass wir sie jederzeit anwenden können. Wir müssen uns nicht zurückziehen, wir müssen keine wertvolle Zeit opfern, nein wir können sie einfach in unseren Alltag integrieren. Dadurch können wir jederzeit die Vorzüge von Meditation genießen und wir sind nicht auf eine kurze Zeitdauer wie 30 oder 60 Minuten beschränkt. Nein, wir haben den ganzen Tag Zeit, diese Meditation durchzuführen.

Aktionsplan

Eigentlich kannst du bei den formlosen Meditationen sofort loslegen. Wenn du aber etwas Zeit und Muße hast, so empfehle ich eine kurze Vorbereitung.

Vorbereitung

1. Atmosphäre: schaffe eine angenehme Ess-Atmosphäre. Ordne das Essen schön an, vielleicht kannst du sogar Kerzen anzünden. Falls du in Gesellschaft bist, so achte darauf, dass sich alle wohl fühlen.

2. Vergegenwärtige dir M.A.U.S

M = Meditationsdauer

A = Absichtslosigkeit

U = Umgang mit schwierigen Gedanken & Gefühlen

S = Spielerische Herangehensweise

3. Nimm ein paar tiefe Atemzüge: Atme ein paar Mal tief in den Bauch ein und aus, um etwas zur Ruhe zu kommen.

4. Wirklich hungrig? Bevor du anfängst, frage dich, ob du wirklich hungrig bist oder ob du nur isst, um dich besser zu fühlen. Falls das letztere zutrifft, so bemerke dies nur. So wirst du immer mehr in der Lage sein, emotionalen Hunger zu identifizieren.

Los geht's

1. Dank: Starte dein Mahl mit einem kurzen Dankes-Ritual. Das kann ein Gebet oder ähnliches sein.

2. Während du isst, folge den 4 S:

- Slow — esse langsam. In dem Buch *Mini-Habits for weight loss* empfiehlt *Stephen Guise*, jeden Bissen 20 mal zu kauen. Das ist eine Menge, probiere es aus.
- Small — nimm kleine Bissen
- Savor — genieße das Essen und die Leute, mit denen du isst
- Smart — esse gesund

Versuche das möglichst die ganze Essens-Zeit durchzuhalten. Wenn du abschweifst, dann kehre einfach zu den 4S zurück. Du wirst sehen, was für eine wohlige Erfahrung dein Essen sein kann.

Ausklang

1. Bleibe kurz sitzen: Wenn alle fertig sind, so springe nicht direkt auf, sondern bleib sitzen und fühle in dich hinein. Wie fühlst du dich? Bist du satt, hast du ein Völlegefühl oder bist du voller Energie?

2. Belohne dich! Das hast du gut gemacht! Achtsames Essen ist ein weiterer Schritt zu einem achtsamen Leben. Belohne dich selbst, indem du dich lobst: „Das habe ich gut gemacht!" oder auch indem du dir eine Kleinigkeit gönnst.

Wie oft? Wie lange? Im Idealfall jedes Mal, wenn du isst. Um die Umstellung zu erleichtern, kannst du kleine Schritte machen (siehe unten).

Tipps & Tricks

- **Emotionales Essen**: Kennst du das? Du hast gar nicht richtig Hunger, isst aber trotzdem, weil du dich belohnen möchtest,

Stress hast oder sogar aus Gewohnheit? Das nennt man *emotionales Essen*. Durch Achtsamkeit können wir dies abbauen. Wir können dann mit dem Gefühl direkt umgehen, anstatt es mit Essen zu verändern.

- **Gesund essen**: Gesund zu essen, ist wichtig für Körper und Geist. Es gibt viele Diäten und Nahrungsempfehlungen. Sie alle haben unterschiedliche Empfehlungen, aber es gibt ein paar gemeinsame Nenner: Alle stimmen überein, dass nicht zu viel Zucker, die Nahrung möglichst natürlich und viel Obst und Gemüse gegessen werden sollte.
- **Jede Mahlzeit**: Achtsames Essen gilt nicht nur für dein Abendessen, sondern für jede Zeit. Sogar wenn du nur einen Snack zu dir nimmst, kannst du dies achtsam tun.
- **Kleine Schritte**: Die wenigsten Menschen essen achtsam. Es wird fern geschaut, ein Buch gelesen, E-Mails verschickt usw. Die Umstellung auf achtsames Essen ist nicht leicht, es fühlt sich seltsam an. Du kannst den Übergang erleichtern, indem du Schritt für Schritt vorgehst: Fange mit einer Mahlzeit an, vielleicht dem Abendessen. Du nimmst dir vor, dass du die ersten 5 Minuten deines Abendessens achtsam gestaltest. 5 Minuten sind wirklich zu schaffen. Dann steigerst du nach und nach deine Achtsamkeit. Aus 5 werden 10 Minuten, dann das gesamte Abendessen und dann das Mittagessen und das Frühstück . Gestalte es so, dass du dich wohl damit fühlst. Du wirst sehen, dass Essen so mehr Spaß macht, und Pfunde werden purzeln.

Ressourcen

Es gibt einige Bücher über achtsames Essen. Ich bin ein großer Fan vom berühmten vietnamesischen Mönch Thich Nhat Hanh. Auch wenn ich mir nie merken kann, wie man seinen Namen schreibt. Er ist einer der großen Achtsamkeitslehrer dieser Zeit.

Er hat das schöne Buch „Achtsam essen - achtsam leben" geschrieben. Ich kann es nur empfehlen.

Auch auf YouTube gibt es empfehlenswerte Videos. Mir gefällt dieses sehr gut: https://www.youtube.com/watch?v=xSF0Sds9Pxg.

Kurze Zusammenfassung

- Achtsames Essen ist die erste formlose Meditation, die du

kennen lernst. Hier bist du frei von formellen Anleitungen und es geht nur darum, dass du achtsam bist.

- Das Ziel ist, dass du beim Essen völlig im Hier und Jetzt bist. Der Akt des Essens ist dein Meditationsobjekt. Das bedeutet, wenn du gedanklich abschweifst, dann kehrst du mit deiner Aufmerksamkeit zum Essen zurück.
- Du kannst diese Meditation auf jede Tätigkeit ausweiten. Du kannst achtsames Spülen, achtsames Fegen oder achtsames Autofahren üben. Das tolle ist, dass du damit Meditation ganz in deinen Alltag bringen kannst.

Tag 3 Mantra-Meditation

"Welcher Tag ist heute?" fragte Puuh. „Es ist heute", quietschte Ferkel. "Mein Lieblingstag", sagte Puuh.

Worauf du dich in diesem Kapitel freuen kannst ...

- Eine der einfachsten und weit verbreitesten Meditationen
- Welche Varianten gibt es?
- Die Easy-Meditation als besonders mühelose Variante der Mantra-Meditation

Dauer:	15-20 Minuten
Meditationsobjekt:	Mantra
Entspannung	★★★★★
Energie	★☆☆☆☆
Einfachheit	★★★★★

Was es ist

Ein Mantra ist ein Wort oder ein Satz. Das bekannteste Mantra ist „Om" (ausgesprochen „AUM"). Es gibt verschiedene Varianten, aber häufig wird das Mantra innerlich im Geiste wiederholt, „mit der Zunge der Gedanken". Dadurch werden andere, alltägliche Gedanken verdrängt. Wir konzentrieren uns nur auf das Mantra. Das hat einen sehr wohltuenden und entspannenden Effekt.

Buddhisten und Hinduisten gehen davon aus, dass OM der Urlaut ist, aus dem das ganze Universum hervorgegangen ist.

Dies ist das Symbol des Mantras „OM“. Mantras werden heilende Schwingungen zugesprochen. Tatsächlich ist es wohltuend, „OM“ zu summen. Wenn du magst, höre die gerne ein Video an: https://www.youtube.com/watch?v=UiSkMxltu00. Entspannend, findest du nicht? Es gibt viele, viele Mantras – für jede Gelegenheit eins. Wenn du krank bist und Heilung brauchst, kannst du das Medizin-Mantra benutzen: „TEYATA OM BEKANZE BEKANZE MAHA BEKANZE RADZA SAMUDGATE SOHA“. Ja, es sieht sehr kompliziert aus, aber es reicht aus, wenn du es dir einfach anhörst: https://www.youtube.com/watch?v=01OYwmD4Wxk&index=13&list=RDQMQ51degai9OU.

In der bekannten transzendentalen Meditation werden auch Mantras benutzt. Der Guru Maharishi Mahesh Yogi hat besonders wirkungsvolle Mantras sogar verkauft. Das teuerste hat ein Deutscher für 1 Mio. EUR erworben. Viele Meditationsmeister legen Wert darauf, dass der Meditierende keine Assoziationen mit dem Mantra hat. Deswegen sind sie oftmals nur Laute ohne Bedeutung.

Das muss aber nicht sein. Man kann als Mantra auch Worte, wie „Liebe“, Glück“ oder „Heilung“ benutzen. Auch Affirmationen, also ganze Sätze, können als Mantra benutzt werden, wie z. B. „Ich bin glücklich und heilende Energie strömt durch meinen Körper.“

Ein Verwandter des Mantras ist das Gebet. In christlichen Traditionen wird bspw. der Rosenkranz gebetet. Dabei wird ein Gebet, wie das

„Vater unser" oder „Ave Maria", mehrmals nacheinander aufgesagt.

Wie werden Mantras angewandt?

- **Still**: in dieser Variante sagst du das Mantra „mit der Zunge des Geistes". Das ist ein schöner Ausdruck dafür. In einigen Formen der Mantrameditation denkst du das Mantra. In der transzendentalen Meditation ist es eher so, dass du passiver Beobachter bist. Das Mantra taucht auf und du beobachtest es. Dies ist ein feiner aber bedeutsamer Unterschied. Beide Variationen wirken entspannend. Ich persönlich mag die Form der transzendentalen Meditation mehr, vielleicht weil ich diese Form der Meditation mehr als zehn Jahre praktiziert habe.
- **Geflüstert oder laut**: Du kannst das Mantra auch flüstern oder laut vor dich her sagen. Dies wird beispielsweise in der Kirtan-Kriya-Meditation so gehandhabt. Auch das hat eine angenehme Wirkung, und der Strom der Gedanken wird dünner.
- **Gesungen (Chanten)**: Du kannst Mantren auch singen. In dem Abschnitt „Ressourcen" wirst du Links finden, in denen die Mantras gesungen werden. Dies ist teilweise sehr berührend. Chanten ist vor allem in einer Gruppe magisch: Die ganze Gruppe singt das Mantra und es entsteht eine tolle Energie und Atmosphäre. Vielleicht findest du in deiner Umgebung solch eine Gruppe. Wenn du Zeit hast, geh doch mal dahin. Es ist einen Versuch wert und ich bin sicher, dass du begeistert sein wirst.
- **Simran**: Beim Simran sprichst du oder denkst du das Mantra im Alltag. Zum Beispiel fährst du Auto, und murmelst das Simran vor dich hin. Du kannst es jederzeit im Alltag anwenden. Ich habe eine Zeit lang das Mantra „Liebe, Freude, Bewusstsein" benutzt. Es ist eine tolle und vor allem leichte Methode, Meditation in den Alltag zu bringen. Der Effekt ist, dass du keine negativen Gedanken denken kannst. Deine Gedanken werden weniger. Zudem gehst du in Resonanz mit dem Mantra:

In diesem Buch wirst du eine Mantra-Meditation erlernen, in der das Mantra in Stille verwendet wird.

Was du davon haben wirst

Mantra Meditation ist eine formale Praxis und hat deren üblichen Vorzüge, wie zum Beispiel:

- Stress und Ängste werden abgebaut
- Fokus und Konzentration erhöht
- Unser Immunsystem wird gestärkt und
- Depression werden abgebaut

Darüber hinaus hat die Mantra-Meditation weitere Vorteile. Studien ergaben, dass insbesondere die Mantra-Meditation mit einem Rückgang der störenden Gedanken, einer Steigerung des Sinns und der Lebensqualität bei HIV-Patienten verbunden ist. Es wurde mit weniger Stress, Angst und Wut und einer höheren Lebensqualität der Krankenschwestern in Verbindung gebracht. Eine weitere Studie über Veteranen ergab, dass Mantra-Meditation das Auftreten von aufdringlichen Gedanken reduziert und auch Stress minimiert. Viele Menschen finden, dass die Mantra-Meditation einfacher zu meistern ist, wenn sie beginnen, weil sich ihnen ein kraftvolles Meditationsobjekt bietet. Viele Menschen finden es schwierig, ihre Aufmerksamkeit immer wieder auf den gegenwärtigen Moment umzuleiten. Es ist einfacher, etwas Spezifischeres (wie eben das Mantra) zu erfassen.[1]

Die Mantra-Meditation hat es also in sich. Genug der Vorrede, schreiten wir zur Tat:

Aktionsplan: Die Easy-Meditation

Die Mantra-Meditation, die dir im Folgenden vorgestellt wird, heißt Easy-Meditation. Das Besondere an dieser Meditation ist, dass sie wirklich mühelos ist. Es ist eine ganz tolle und effektive Meditation, die ich dir sehr ans Herz lege.

Vorbereitung

1. Stelle sicher, dass du die nächsten 20 Minuten nicht gestört wirst: Stelle dein Telefon lautlos und sage deinen Liebsten Bescheid.

2. Setze dich bequem hin: Du musst keinen Schneidersitz einnehmen. Du kannst dich gerne in einen bequemen Sessel setzen und dich

---

[1] Mehr findest du unter: https://www.verywellmind.com/use-mantra-meditation-for-stress-relief-3144787.

anlehnen. Dein Körper sollte nicht die Meditation stören, d.h., du solltest keine Meditationshaltung einnehmen, die dir Schmerzen bereitet. Lege dich nicht hin, dadurch wird dein Geist träge und du schläfst schnell ein.

3. Atme ein paar Mal tief in den Bauch ein und aus.

4.Vergegenwärtige dir M.A.U.S

M = Meditationsdauer

A = Absichtslosigkeit

U = Umgang mit schwierigen Gedanken & Gefühlen

S = Spielerische Herangehensweise

Los geht's

Mantra ist ein heiliges Wort. Dieses heilige Wort benutzen wir als Meditationsobjekt. Das bedeutet, wir richten unsere Aufmerksamkeit auf dieses Wort. Für diese Meditation nehmen wir das Mantra **So Ham**. Dies bedeutet „Ich bin das". Die Bedeutung ist für die Meditation unwichtig.

Denke nun das Mantra *„So Ham"* und begebe dich dabei in eine Beobachterhaltung, d.h. du hörst innerlich das Mantra *So Ham*. Es geht nicht um eine Visualisierung, sondern um das innere Hören des Mantras. Wichtig hierbei ist, dass du eine passive Beobachterrolle einnimmst. Du denkst also das Mantra nicht aktiv, sondern lässt es passiv auftauchen.

Diese Meditation ist mühelos. Dadurch entfaltet sie ihre Wirkung. Anstrengung entsteht durch Widerstand. Meditation für sich ist nicht anstrengend, aber wenn wir anstrengende Gedanken haben, so wird die Meditation als anstrengend empfunden. Die Lösung ist simpel: Wir behandeln anstrengende Gedanken wie jeden anderen Gedanken: Wir kehren zum Meditationsobjekt, dem Mantra, zurück. Immer also, wenn du dich anstrengst, so ist das ein Signal, dass du in Gedanken bist. Kehre zum Meditationsobjekt zurück und die Mühelosigkeit kehrt zurück.

Ausklang

Zum Abschluss nimm ein paar tiefe Atemzüge. Komme behutsam ins Hier und Jetzt zurück. Wenn es für dich die richtige Zeit ist, öffne deine Augen. Bleibe noch etwas sitzen.

Belohne dich! Du hast nun die Mantra-Meditation kennengelernt und das hast du großartig gemacht. Lobe dich dafür oder gönne dir eine kleine Belohnung.

Wann? Wie oft? Optimal ist, wenn du täglich 15 – 20 Minuten meditierst.

Tipps & Tricks:

Dies ist die *Easy Meditation*. Sie ist tatsächlich ohne jede Anstrengung. Bevor ich die *Easy Meditation* kennenlernte, habe ich eine andere Meditationstechnik praktiziert. Sie fiel mir schwer und ich empfand sie als anstrengend. Ich war jedes Mal froh, wenn sie vorbei war. Mit der *Easy Meditation* änderte sich dies. Mit ihr fiel es mir leicht zu meditieren. Das führte dazu, dass ich sie über 10 Jahre praktizierte, und zwar zwei Mal täglich.

Ressourcen

Eine Variante (Video): Eine geführte Meditation mit dem Mantra *So Ham* findest du hier: https://www.youtube.com/watch?v=Mhcii0anJZE. Beachte allerdings, dass diese Meditationsanleitung sich von der aus dem Buch unterscheidet. Im Video werden die Silben *So Ham* mit dem Atem gekoppelt. In der Easy-Meditation dagegen, wird mehr Wert daraufgelegt, dass wir uns in der Beobachterrolle befinden.

Falls du lieber ein Buch lesen möchtest, so empfehle ich dir „Mantras: Was sie bedeuten, wie man sie einsetzt, warum sie helfen" von Christian Stecher. Dort erfährst du eine Menge Hintergrundwissen. Er stellt unterschiedliche Mantras in seinem Buch vor und wie sie angewendet werden.

Kurze Zusammenfassung

- Die Mantra-Meditation ist zusammen mit der Atem-Meditation die bekannteste Meditationsform. Sie ist sehr einfach durchzuführen und wirkt trotzdem sehr entspannend.
- Ein Mantra ist ein besonderes Wort, was nach Aussagen der Meditations-Meister heilende Effekte haben soll. Das bekannteste Mantra ist „OM".
- In diesem Buch lernst du eine spezielle Variante kennen: Die

Easy-Meditation. Ihr besonderes Kennzeichen ist die Mühelosigkeit. Wenn wir die Easy-Meditation richtig praktizieren, so ist die Meditation überhaupt nicht anstrengend.

- Ich selbst habe diese Meditation über zehn Jahre täglich praktiziert.

Tag 4 Body-Scan

„Verweile nicht in der Vergangenheit, träume nicht von der Zukunft, konzentriere den Geist auf den gegenwärtigen Moment." – Buddha

Worauf du dich in diesem Kapitel freuen kannst …

- Der Body-Scan als liegende Meditation
- Der brilliante Jon-Kabat-Zinn als Wegbereiter des Body-Scans
- Die Technik einfach erklärt

Dauer:	15-30 Minuten
Meditationsobjekt:	Die Anleitung bzw. deine Körperempfindungen
Entspannung	★★★★☆
Energie	★★★☆☆
Einfachheit	★★★☆☆

Was es ist

Der Body-Scan ist eine großartige Meditationsform. Ihre Ursprünge stammen aus dem Buddhismus und Hinduismus. Beim Body-Scan geht man mit seiner Aufmerksamkeit durch den ganzen Körper. Wir fangen mit den Zehen des linken Fußes an, dann den Spann, die Ferse usw. In dieser Weise richten wir unsere Aufmerksamkeit nacheinander auf unseren gesamten Körper. Wir scannen also unseren Körper.

Dies wirkt sehr entspannend. Das hat zwei Gründe: Zum einen werden Anspannungen und negative Gefühle häufig durch negative Gedanken verursacht. Konzentrieren wir uns auf unseren Körper anstatt auf unsere Gedanken, so verlieren negative Gedanken ihre Wirkung und wir entspannen automatisch. Zum anderen entspannen wir ganz von selbst, wenn wir unsere Aufmerksamkeit auf ein bestimmtes Körperteil richten. Du kannst es jetzt ausprobieren: Richte deine Aufmerksamkeit auf ein Körperteil, das gerade angespannt ist. Unweigerlich entspannt es. Aus diesen beiden Gründen wirkt der Body-Scan sehr beruhigend.

Aus einer energetischen Perspektive kommt ein weiterer Vorteil hinzu: Wir regen damit unsere Lebensenergie an und beseitigen energetische Blockaden. Warum? Wenn wir beispielsweise intensiv in unseren linken Fuß fühlen, bemerken wir ein vibrieren und kribbeln. Das ist unsere Lebensenergie. Aus vielen Energielehren, wie beispielsweise dem Yoga, kennen wir die Weisheit *„Die Energie folgt der Aufmerksamkeit"*. Wenn wir also während des Body-Scan unsere Aufmerksamkeit auf unsere Lebensenergie richten, so nimmt diese zu. Dies ist aus energetischer oder yogischer Sicht ein großer Vorteil des Body-Scans.

„Die Energie folgt der Aufmerksamkeit."

Der Body-Scan ist vor allem bekannt geworden durch John Kabat-Zinn. Er ist emeritierter Professor an der „University of Massachusetts Medical School" in Worcester.

Er hat das berühmte MBSR (Mindfullness Based Stress Reduction) entworfen. Dies ist ein achtwöchiges Meditations-Programm. Der Body-Scan ist ein zentraler Bestandteil. Dieses Programm ist ungeheuer wirksam und wurde in vielen Studien untersucht.

Es gibt verschiedene Varianten des Body-Scans: Das *Yoga-Nidra* ist sehr bekannt. Es wird auch als „Schlaf-Yoga" bezeichnet. Die Vorgehensweise ist ähnlich wie beim Body-Scan. Es gibt allerdings Unterschiede, zum Beispiel wird am Anfang des Yoga-Nidra ein *Sankalpa* festgelegt. Das ist eine Vision, ein Ziel, das der Praktizierende mehrmals innerlich affirmiert. Yoga-Nidra ist ein eigenständiges und umfassendes System, während der Body-Scan nur eine Technik innerhalb des MBSR ist.

Es gibt aber auch entfernte westliche Verwandte, wie das autogene Training und die progressive Muskelrelaxation. Beim autogenen Training wird mit Suggestionen und Visualisierung der ganze Körper nacheinander in Entspannung versetzt. Bei der progressiven Muskelrelaxation spannt der Übende zum Beispiel den rechten Arm an und entspannt ihn dann. Dann folgt der linke Arm usw. So wird der ganze Körper erst an- und dann entspannt. Dadurch kann tatsächlich eine tiefe Entspannung erreicht werden.

Der Body-Scan ist gerade für Anfänger hervorragend geeignet. Er wirkt deswegen so entspannend, da wir unsere Aufmerksamkeit auf verschiedene Stellen unseres Körpers richten. Werden unsere Gedanken reduziert, werden automatisch Anspannungen im Körper losgelassen. Da diese Meditationsform im Liegen gemacht wird, ist sie auch sehr gut geeignet bei Schlafstörungen.

Was du davon haben wirst

Der Body-Scan hat viele wissenschaftlich gesicherte Vorteile. Gegenüber einer normalen Meditation, die im Sitzen durchgeführt wird, ist der Body-Scan müheloser, da er im Liegen praktiziert wird. Wenn du die Body Scan Meditation praktizierst, wirst du folgende Vorteile erleben:[1]

- **Tiefenentspannung und verbesserter Schlaf**: Yoga-Nidra ist das Yoga des Schlafens. Man trainiert dabei, den Körper vollkommen zu entspannen. Die Standard-Body-Scan-Meditation ist in ihrer Form fast identisch mit einer traditionellen Yoga-Nidra-Praxis. Du wirst üben, deinen Geist wach und präsent zu halten und gleichzeitig dem Körper zu erlauben, sich tief in eine mühelose Stille zu begeben.
- **Linderung von Schlaflosigkeit**: Während der Meditation erhälst du eine frische Wachsamkeit. Eine effektive Anwendung eines Body-Scans besteht jedoch darin, jeden Teil des Körpers systematisch zu entspannen (Spannung und dann einen Teil nach dem anderen lösen) und so einfach einschlafen zu können.
- **Geist-Körper-Verbindung**: Wenn du beim Body-Scan durch den Körper gehst, ist es fast so, als hätte jeder Teil des Körpers seinen Moment im Rampenlicht. Dein Bewusstsein wird auf jeweils einen Körperteil gerichtet sein und dieser Körperteil wird den Moment haben, auf subtile Weise mit dir zu sprechen. Die Praxis der Meditation ist es, wirklich zuzuhören, aktiv zu erleben, was jedes Körperteil mit dir kommuniziert. Diese Praxis kann für jemanden, der daran interessiert ist, etwas über die angeborene Weisheit des Körpers zu erfahren, sehr tief werden.

---

[1] Diese Vorteile habe ich aus dem tollen Buch: Decker, Benjamin W. Praktische Meditation für Anfänger: 10 Tage bis zu einem glücklicheren, ruhigeren Sie (S.88). Althea Press. Kindle-Version.

- **Selbstbewusstsein und Selbstregulierung:** Hast du jemals eine Person getroffen, die einfach nicht wusste, wie sie sich auf ihre Umwelt auswirkt? Vielleicht ist sie in unpassenden Momenten laut, oder vielleicht ist sie unsensibel gegenüber dem, was sie zu anderen sagt. Eine Body-Scan-Meditation kann dir helfen, dich selbst und deine internen Prozesse besser zu verstehen. Zum Beispiel, in einem Gespräch mit deinem Chef merkst du plötzlich, dass du dich anspannst und deine rechte Schulter hebst. Durch den Body-Scan hast du eine bessere Körperwahrnehmung und bemerkst Dinge, die du zuvor nicht wahrgenommen hast. Du kannst dann regulierend eingreifen.
- **Tiefere Meditation:** Wenn es um tiefe Meditation geht gilt, je mehr wir den Körper "aus dem Weg räumen" können, desto besser. Das heißt, Unbehagen oder Ablenkungen im Körper können den Geist mit flachen Gedanken an die unmittelbare Umgebung des Körpers beschäftigen. Wenn du Body-Scan übst, gibt es eine direkte Verbindung zwischen deinem Geist und jedem Teil deines Körpers.

Ok, genug der Vorrede. Im Folgenden wird genau beschrieben, wie du den Body-Scan anwendest:

Aktionsplan

Nun kommen wir zur eigentlichen Meditation.

Vorbereitung

1. Lege dich auf den Rücken, Wenn du magst kannst du ein Kissen unter deinen Kopf und Knie legen. Falls du Schmerzen dabei hast, kannst du den Body-Scan auch auf der Seite liegend durchführen oder im Sitzen. Erlaube deinen Augen, sich zu schließen.

2. Vergegenwärtige dir M.A.U.S

M = Meditationsdauer

A = Absichtslosigkeit

U = Umgang mit schwierigen Gedanken & Gefühlen

S = Spielerische Herangehensweise

3. Nimm nun 3 tiefe Atemzüge in den Bauch.

Im Body-Scan gehst du von Körperteil zu Körperteil. Bei jedem machst du zwei Schritte. Nehmen wir als Beispiel den linken großen Zeh:

1. Spüre deine Lebensenergie im großen Zeh. Die Lebensenergie äußert sich durch feine Vibrationen und Kribbeln. Diese sind wirklich sehr subtil. Wenn du nichts spürst, so ist das gar kein Problem. Je öfters du den Body-Scan praktizierst, desto leichter fällt es dir, deine Lebensenergie im großen linken Zeh (und anderen Körperteilen) zu spüren.

2. Atme in das jeweilige Körperteil ein- und aus: Du atmest durch deine Nase ein und stellst dir vor, wie dein Atem durch den ganzen Körper in das Körperteil fließt. Beim dicken großen Zeh imaginierst du also, wie dein Atem durch deinen Körper, das linke Bein, in deinen Zeh fließt. Dann atmest du vom linken Zeh ausgehend durch dein linkes Bein, durch deinen Körper durch deine Nase oder deinen Mund aus.

Diese zwei Schritte praktizierst du mit jedem Körperteil. Du wanderst dabei mit deiner Aufmerksamkeit durch deinen ganzen Körper und wendest die beiden Schritte an. Du startest mit dem großen linken Zeh. Dann folgen:

4 linke Zehen (außer dem großen Zeh)

linker Fuß

linker Unterschenkel

linkes Knie

linker Oberschenkel

rechter großer Zeh

vier rechte Zehen (außer dem großen Zeh)

rechter Unterschenkel

rechtes Knie

rechter Oberschenkel

Hüfte und Becken

unterer Rücken

Bauch und Organe

oberer Rücken

Brustkorb

linke und rechte Finger und Daumen (gleichzeitig)

linke und rechte Hand

linker und rechter Unterarm

linker und rechter Ellbogen

linker und rechter Oberarm

Schulter, Nacken und Hals

das Gesicht, Kopf und Scheitel

Abschluss:

- Bleibe ein paar Minuten liegen. Spüre die Entspannung, das Wohlgefühl und die Stille.
- Komme nun ins Hier und Jetzt zurück. Recke und strecke dich und öffne deine Augen.
- **Belohne dich!** Du hast 30 Minuten meditiert. Das ist eine tolle Leistung – gut gemacht!

Wie oft? Wie lange? Diese Meditation dauert etwa 30 Minuten. Du solltest sie mindestens dreimal pro Woche machen. Täglich ist besser.

Tipps & Tricks

- **Gesprochene Anleitung**: Es ist am einfachsten, den Body-Scan mit einer gesprochenen Anleitung zu lernen. Ich habe mir diese Anleitung auf mein Handy geladen. Falls ich mal nicht schlafen kann, so höre ich mir das an und schwupp die wupps reise ich ins Land der Träume (siehe Ressourcen).

- **Zu lange?** Vielleicht hast du manchmal keine 30 Minuten Zeit. Dann kannst du den Body-Scan auch nur bspw. 15 Minuten praktizieren. Dies erreichst du, indem du weniger Körperteile benutzt. Also bspw. nur linken Fuß, linken Unter- und Oberschenkel.

- **Einschlafen**: Den Body-Scan kannst du hervorragend zum Einschlafen benutzen. Er wird ja ohnehin schon im Liegen praktiziert. Mir passiert es häufig, dass ich dabei einschlafe, allerdings ohne, dass ich es beabsichtige.

- **Anfang**: Diese Meditation ist gerade für den Anfang sehr geeignet, da sie entspannend ist, aber der Geist nicht zu sehr sich selbst überlassen wird. Es wird dir also leichtfallen, nicht in unselige Geschichten abzudriften.

Ressourcen

Der Body-Scan eignet sich hervorragend, um ihn als geführte Meditation zu machen. Dieses Video dauert 30 Minuten und ist die MBSR-Variante (Mindfulness Based Stress Reduction) des Body-Scans: https://www.youtube.com/watch?v=TWg6yiP_Jbs. Einen sehr angenehmen Body-Scan, der nur 15 Minuten dauert findest du hier: https://www.youtube.com/watch?v=uPdWSPHDtwU.

Als Buch empfehle ich dir von dem großen Meditationslehrer Jon-Kabat-Zinn „Gesund durch Meditation." Dies ist ein Grundlagenwerk und es enthält eine Fülle von Informationen zu Achtsamkeit und Meditation. Auch der Body-Scan ist erklärt.

Kurze Zusammenfassung

- Ber Body-Scan ist eine sehr angenehme Meditation, da sie im Liegen durchgeführt wird. Du gehtst dabei mit deiner Aufmerksamkeit durch deinen ganzen Körper. Der Body-Scan dauert normalerweise 30 Minuten. Du kannst aber auch eine verkürzte Fassung mit 12 oder 15 Minuten praktizieren, wenn du es mal eilig hast.
- Der Body-Scan ist sehr gut für Anfänger geeignet, da die Praxis dicht ist. Das bedeutet, du bist intensiv mit der Ausführung der Meditation beschäftigt. Du atmest beispielsweise in den linken großen Zeh und richtest deine Aufmerksamkeit darauf. Dann kommen schon die nächsten Zehen usw. Du hast also wenig Spielraum, deine Aufmerksamkeit auf deine Gedanken zu richten, da du die ganze Zeit damit beschäftigt bist, deine Aufmerksamkeit auf deine einzelnen Körperteile zu fokussieren.
- Auch für den Stressabbau ist der Body-Scan wunderbar geeignet. Denn dadurch, dass wir mit unserer Aufmerksamkeit durch den ganzen Körper gehen, wird dieser unwillkürlich

entspannt.

Tag 5 Achtsames Gehen

„Du kannst Gehmeditation bei jeder anderen Gelegenheit üben, auch zwischen Geschäftsterminen oder wenn du vom Auto in den Supermarkt gehst. Lass dir Zeit beim Gehen!“ – Thich Nath Han

Worauf du dich in diesem Kapitel freuen kannst ...

- Meditation jederzeit
- Die Varianten des achtsamen Gehens
- Die Geh-Meditation hat viele Vorteile
- Wie die Meditation genau funktioniert

Dauer:	10-30 Minuten
Meditationsobjekt:	Atem oder Körperempfindungen
Entspannung	★★☆☆☆
Energie	★★★☆☆
Einfachheit	★★★★★

Was es ist

Die gute Nachricht ist, dass wir jederzeit meditieren können. Wir müssen also nicht immer auf unseren Kissen in einer ungestorten Umgebung sitzen. Nein, wir können es jederzeit tun. Eine sehr gute Übung ist die Geh-Meditation. Achtsames Gehen bedeutet, dass du während des Gehens meditierst. Es ist eine wichtige Praxis in verschiedenen buddhistischen Richtungen. Normalerweise sind wir während des Gehens zielorientiert. Wir wollen irgendwohin. Wir gehen schnell, um unseren Bestimmungsort zu erreichen. Stattdessen können wir achtsam gehen: Wir achten auf unsere Schritte und unseren Prozess. D.h. wir sind prozessorientiert und nicht zielorientiert. So haben wir die Gelegenheit, jederzeit zu meditieren und nicht nur, wenn wir zu Hause ungestört auf unserem Meditationskissen sitzen.

Achtsames Gehen ist ähnlich wie achtsames Essen, eine Alltagsmeditation. Es gibt allerdings einen Unterschied: Meditation im

Gehen ist formalisierter. Das bedeutet, es gibt bestimmte Techniken, die beim achtsamen Gehen beachtet werden. D.h., beim achtsamen Gehen werden häufig Atmung und Schritte koordiniert. In Meditationszentren werden oft Sitzmeditationen mit achtsamen Gehen gekoppelt: Zuerst wird 20 Minuten im Sitzen meditiert, dann wird eine fünfminütige Geh-Meditation durchgeführt. Achtsames Gehen hat eine lange Tradition und wird vor allem im Buddhismus angewendet. Es gibt verschiedene Varianten:

- **Formlose Variante**: Hier beobachtest du genau, wie du gehst: Du achtest darauf, wie du den Fußballen aufsetzt, den Fuß abrollst, wie du den anderen Fuß aufsetzt etc. Du kannst deinen Atem beobachten, deine Arme und Handhaltung usw. D.h., hier steht es dir frei, wohin du deine Achtsamkeit und deine Aufmerksamkeit lenkst.
- **Atem und Schritte werden koordiniert**: Dies ist die häufigste Variante. Wie das genau funktioniert, wirst du weiter unten erfahren. Wenn du zu einem Meditationszentrum gehst, wirst du sehr wahrscheinlich auf diese Variante treffen.
- **Breathwalking**: Diese Variante des achtsamen Gehens wurde von dem bekannten Lehrer Yogi Bhajan kreiert. Dabei werden nicht nur Schritte und Atem ordiniert, sondern wir nehmen zusätzlich bestimmte Mudras ein (bestimmte Handhaltungen) und rezitieren dabei Mantras. Dies erfordert eine hohe Konzentration und wirkt aber sehr entspannend. Es ist die komplexeste Variante.
- **Waldbaden**: Dies ist eine neuere Form des achtsamen Gehens. Diese wird, wie der Name schon sagt, im Wald praktiziert. Es ist aber nicht nur einfaches Spazierengehen, sondern wir richten unsere Aufmerksamkeit auf die Natur und versuchen sie mit all unseren Sinnen wahrzunehmen. Der Unterschied zum formlosen achtsamen Gehen ist, dass wir beim Waldbaden unsere Aufmerksamkeit nach außen richten, während wir uns beim achtsamen Gehen eher auf unseren Körper und auf unsere Atmung konzentrieren.

In diesem Buch wirst du die Variante kennenlernen, bei der wir Atem und Schritte koordinieren. Diese Form der Meditation geht tiefer als reine formlose Meditationen, wie z.B. achtsames Essen, da sie diverse Techniken beinhalten. Die Geh-Meditation wirkt allerdings nicht so tief, wie reine formale Meditation, wie z. B. die Atem-Meditation. Es ist also vom Effekt zwischen achtsamen Essen und Atem-Meditation angesiedelt.

Was du davon haben wirst

Ein großer Vorteil des achtsamen Gehens ist, dass wir uns zusätzlich bewegen, was für sich schon gut für Körper und Geist ist. Zudem können wir es in der Natur durchführen, was einen zusätzlichen positiven Effekt hat.

Achtsames Gehen hat ebenfalls die Vorteile formaler Meditationen, wie zum Beispiel:

- Stress und Ängste werden abgebaut
- Fokus und Konzentration erhöht
- unser Immunsystem wird gestärkt und
- Depressionen werden abgebaut.

Auch hier können wir noch andere und weitere Vorteile nennen, aber die kannst du gerne im Grundlagenteil nachlesen.

Laut dem bekannten Autor und Lehrer *Deepak Chopra* hat Gehmeditation folgende Vorteile:

1. Es verbindet dich tiefer mit der Umwelt: Die Gehmeditation erzeugt das Gegenteil der Sinnesabnahme, bekannt als „Pratyahara", die wir während einer sitzenden Meditationsübung erleben. Beim achtsamen Gehen sind alle unsere Sinne aktiv an der Erfahrung des Gehens beteiligt. Wir achten bewusst auf die Erde unter unseren Füßen, die Luft, die in und aus unserer Lunge fließt, die Sehenswürdigkeiten, Geräusche, Gerüche und sogar den Geschmack, den wir beim Gehen erleben.

Diese Praxis hilft, uns mehr mit der Umgebung verbunden zu fühlen, in der wir ein untrennbarer Teil sind. Diese Umweltverbindung fördert auch das Situationsbewusstsein, bei dem wir alle unsere verfügbare Aufmerksamkeit auf unsere Umgebung richten, anstatt geistlos von Ort zu Ort zu gehen.

2. Es macht den Kopf frei: Ein Spaziergang im Freien kann dich aus einem mentalen Nebel oder einem Gedankenkreisel herausholen. Diese Unterbrechung kann nur ein Szenenwechsel sein, der alles sein könnte, was du brauchst, um dein Bewusstsein aus deinem konditionierten Geist herauszuholen und dich für eine universellere Perspektive zu öffnen.

3. Es erlaubt dir, mit der Natur zu kommunizieren: Achtsames Gehen ist eine ausgezeichnete Gelegenheit, um mit der Natur zu kommunizieren, vorausgesetzt, du bist im Freien. Frei vom internen Dialog des Egos bietet die natürliche Welt einen nahtlosen Kanal in das Reich des Geistes. Zeit in der Natur zu verbringen, kann eine Heilung für Körper, Geist und Seele sein. Wenn du durch Wälder, Parks, Bergpfade oder in der Nähe von Gewässern wanderst, tauchst du ein in die ursprüngliche Reinheit, die auch der Kern deines Wesens ist.

4. Es hilft dir, deinen Körper kennenzulernen: Viele von uns sind so entfremdet von unserem Körper, dass wir uns nicht wirklich mit unserem physischen Selbst verbunden fühlen. Noch schlimmer ist, dass wir unseren Körper verachten, anstatt uns selbst zu akzeptieren und eine liebevolle und intime Erfahrung mit ihm zu machen.

Das achtsame Gehen stellt eine tiefere Verbindung zwischen Geist und Körper her und hilft dir, deinen Körper anzunehmen, während er sich durch den Raum bewegt. Die Praxis fördert ein erweitertes Bewusstsein dafür, wie er dich beim Gehen trägt. Deine Haltung, Gang und Balance erzählen eine einzigartige Geschichte, indem du dich beim Gehen körperlich ausdrückst. Diese Details können dir wertvolle Einblicke geben, wie du dich mit mehr Leichtigkeit und Komfort bewegen kannst.

5. Es entschleunigt dich: Die Verlangsamung ist ein natürliches Nebenprodukt der achtsamen und bewussten Bewegung. Wenn du dich auf die unzähligen Details konzentrierst, die bei jedem Schritt mit Sorgfalt und Bewusstsein involviert sind, werden deine Bewegungen bewusster, anmutiger und maßvoller. Es gibt keinen Grund, ein Rennen zu machen, um irgendwo hin zu kommen. Dieser Moment, dieser Schritt, dieser Atem ist alles, was es gibt, und du nimmst ihn in all seinem Reichtum an.

Genieße die Möglichkeit, kein Ziel erreichen zu müssen. Achtsames Gehen bedeutet, sich Zeit zu nehmen, so viel Zeit wie nötig. Denke daran, es geht nicht darum, wie schnell du gehst, sondern wie tief du fühlen kannst.

6. Es stärkt die Konzentrationsfähigkeit: Die sitzende Meditation wird in einer gedämpften, ruhigen Umgebung praktiziert. Achtsames Gehen findet in einer Umgebung statt, die voller möglicher Ablenkungen ist. Nahverkehr, Wanderfreunde, Wetter, Vögel, Insekten oder andere Tiere tragen alle zum regelmäßigen Gedankenfluss und zu den körperlichen Empfindungen bei, die um deine Aufmerksamkeit kämpfen.

Wenn jede dieser Ablenkungen in dein Bewusstsein kommt, bringst du dich immer wieder zurück zum gegenwärtigen Moment und zur Praxis des Gehens. Der kontinuierliche Prozess der Aufmerksamkeit, der wegdriftet und zurückkehrt, stärkt die Fähigkeit des Geistes, sich auf die anstehende Aufgabe zu konzentrieren. Mit Zeit und Wiederholung baut diese Übung die mentalen Muskeln auf, die einen einspurigen Fokus zu einem regelmäßigeren Erlebnis machen.

7. Es erhöht dein Bewusstsein für deine Ziele: In der Yoga-Philosophie ist die verfeinerte Kontrolle von Aufmerksamkeit und Absicht als „Dharana" bekannt. Durch Dharana lernen wir, wie wir die Kraft unseres Bewusstseins und unserer Wünsche nutzen können, um eine Transformation im Leben herbeizuführen. Indem wir bewusst gehen, pflegen wir ein tieferes Verständnis unserer Absichten, einfach durch die bewusste Bewegung, einen Schritt nach dem anderen. Jeder Spaziergang beginnt mit einer Absicht; jeder Schritt beginnt auch mit einer Absicht. Und wenn wir üben, mit Aufmerksamkeit und Klarheit des Begehrens zu gehen, können wir leichter transformative Absichten wählen, die die größte Erfüllung und das größte Glück in unser Leben bringen.

8. Es erweitert die tägliche Achtsamkeit: Geh-Meditation ist eine Praxis; es ist eine Fähigkeit, die sich im Laufe der Zeit entwickelt. Je mehr du es tust, desto mehr wird es ein Teil deines Seins. Diese Integration der Achtsamkeit beginnt auf andere Bereiche deines Lebens überzugreifen und sie mit tieferem Bewusstsein zu durchdringen.

Und da das Gehen eine grundlegende Aktivität ist, mit der sich die meisten Menschen täglich beschäftigen, kannst du dies jederzeit üben. Zum Beispiel, wenn du aufstehst, um einen Spaziergang zu machen, egal ob es für 30 Sekunden oder 30 Minuten ist. Diese Regelmäßigkeit hilft, dass diese Achtsamkeit ein Teil von allem wird, was du tust.

9. Es hilft dir, dich mit dem gegenwärtigen Moment zu verbinden: Während du gehst und dir immer mehr bewusst wirst, wird der Geist ruhiger. Gelegentlich wird diese Stille tiefgründig. Dein Bewusstsein geht über das Gehen und die Atmung hinaus.

Das sind wirklich eine Menge Vorteile und ich hoffe, sie können dich motivieren, die Meditation anzuwenden.

Aktionsplan

Bei den formlosen Meditationen ist eine Vorbereitung nicht unbedingt notwendig. Wenn du sie allerdings machen möchtest, so tue folgendes:

Vorbereitung

1. Natur: Im Idealfall suchst du dir einen schönen Spazierweg in der Natur. Natur tut uns gut. Aber natürlich kannst du überall achtsames Gehen üben: Auf dem Weg zur Arbeit, auf dem Weg zum nächsten Supermarkt oder auch der Gang zum Auto.

2. Vergegenwärtige dir M.A.U.S

M = Meditationsdauer

A = Absichtslosigkeit

U = Umgang mit schwierigen Gedanken & Gefühlen

S = Spielerische Herangehensweise

3. Stoppe und beobachte: Bevor du anfängst zu gehen, halte inne. Spüre wo deine Aufmerksamkeit ist. Atme ein paar Mal tief ein und aus.

Los geht's

1. Achte auf deinen Atem: Bringe deine Aufmerksamkeit auf das Ein- und Ausatmen.

2. Atme ein und fange an zu gehen. Koordiniere Atem und Schritte. Machst du bspw. beim Einatmen drei Schritte, so sagst du bei jedem Schritt „ein". Dann atmest du aus und sagst innerlich für jeden Schritt „aus".

3. Wenn dein Verstand anfängt zu wandern, bringe deine Aufmerksamkeit zurück zu deinem Atem.

Ausklang

1. Halte inne: Wenn du mit dem Gehen fertig bist, dann halte inne. Wie fühlst du dich? Nimm noch einmal ganz bewusst deine Umgebung war.

2. Belohne dich! Du kannst dir etwas Kleines gönnen oder dich einfach selbst loben. Wichtig ist nur, dass du jede Meditation mit einer kleinen

Belohnung abschließt. Denn du hast etwas Gutes getan.

Wie oft? Wie lange? Du kannst diese Übung jederzeit nutzen, wenn du gehst.

Tipps & Tricks

- **Koordination**: Wenn du achtsames Gehen zu Hause praktizierst, so wird deine Geschwindigkeit langsamer sein: Ein oder zwei Schritte beim Einatmen bzw. Ausatmen. Draußen koordinierst du die Schritte mit deinem Atem: Vielleicht machst du pro Einatmen sogar drei oder vier Schritte. Natürlich ist dies völlig o. k. Sage dann: „ein, ein, ein." Das gleiche mit dem Ausatmen. Wenn du drei Schritte per Ausatmen schaffst, dann sagst du dreimal „aus".
- **Abwechslung**: In Meditationszentren werden sitzende und gehende Meditationen abgewechselt. Dort meditierst du im Sitzen für 25 Minuten, dann praktizierst du achtsames Gehen für 5 Minuten. Dann meditierst du erneut im Sitzen für 25 Minuten, gehst wieder für 5 Minuten usw. Wenn du also zu Hause mal etwas länger meditieren möchtest, so empfehle ich dir diesen Rhythmus. Die Geh-Meditation verhindert, dass du allzu schläfrig wirst. So kannst du erfrischt im Sitzen weiter meditieren.

Ressourcen

Zum achtsamen Gehen hat der große Lehrer Thich Nhat Hanh ebenfalls ein sehr empfehlenswertes Buch verfasst: „Einfach gehen". Dies ist ein kleines, feines Buch mit sehr ansprechenden Illustrationen.

Als Video fand ich dieses https://www.youtube.com/watch?v=IHaSOefVQkA sehr angenehm und hilfreich. Schau gerne rein.

Kurze Zusammenfassung

- Die Geh-Meditation ist eine Meditation, die wir im Alltag praktizieren können.
- Ideal wäre es, wenn wir nicht nur 15-20 Minuten täglich meditieren, sondern Meditation mehr in unseren Alltag bringen. Je mehr, desto besser.
- Beim achtsamen Gehen werden Atmung und Schritte koordiniert. Du kannst sie jederzeit praktizieren: Beim Weg

zum Auto, wenn du vom Wohnzimmer in die Küche gehst usw. Oder du nimmst dir die Zeit, einfach mal eine halbe Stunde achtsames Gehen zu praktizieren.

- Wenn du die Gehmeditation in der Natur durchführst, umso besser. Du kannst auch Sitz- mit Geh-Meditation abwechseln. Dies wird in vielen Meditationszentren so praktiziert. D.h., du machst 20 Minuten eine Atemmeditation, praktizierst 5 Minuten Achtsames Gehen, dann kommt wieder die Atem-Meditation usw.

Tag 6 Kirtan Kriya Meditation

„Mache dich selbst so glücklich, dass andere dich nur ansehen brauchen, um auch glücklich zu werden." – Yogi Bahjan

Worauf du dich in diesem Kapitel freuen kannst ...

- Die effizienteste Meditation: 12 Minuten reichen
- Kirtan Kriya Meditation eignet sich toll für Grübler und Stressgeplagte
- Was ist Kirtan Kriya Meditation?
- Sieht kompliziert aus, ist aber ganz einfach
- Lerne die Technik der Kirtan Kriya Meditation

Dauer:	12 Minuten
Meditationsobjekt	Mantras oder Mudras
Entspannung	★★★★☆
Energie	★★★★☆
Einfachheit	★★☆☆☆

Was es ist

Die Kritan Kriya-Meditation ist eine besonders leichte und wirksame Mantra-Meditation. Ihre hohe Wirksamkeit ist wissenschaftlich erwiesen. Die Meditation ist besonders gut für Anfänger geeignet, da sie nur 12 Minuten dauert und der Geist gut beschäftigt wird. Gerade am Anfang ist es besser, Meditationen zu praktizieren, die einen nicht zu sehr allein lassen mit seinen Gedanken und Gefühlen.

Yogi Bhajan (* 26. August 1929 in Kot Harkarn; † 6. Oktober 2004 in Española; Geburtsname Harbhajan Singh Puri, auch genannt Harbhajan Singh Khalsa Yogiji) war ein Yogi, der eine besondere Form des Kundalini-Yoga, wie sie teilweise von Sikhs praktiziert wird, im Westen bekannt gemacht hat.

Er lernte bei vielen spirituellen Lehrern in verschiedenen Ashrams in Indien und im Himalaya und absolvierte daneben ein wirtschaftswissenschaftliches Studium an der Universität des Panjab.

Er war der Gründer von 3HO: 1968 wurde er nach Kanada eingeladen, um an der Universität von Toronto Yoga zu unterrichten. Von dort führte sein Weg nach Los Angeles, wo die 3H Organisation auf seine Initiative hin entstand. „Healthy, happy, holy" (gesund, glücklich, heilig) definierte Yogi Bhajan als Lebensgrundrechte, die durch Kundalini Yoga gefördert werden. Sie entsprechen der yogischen Philosophie der Einheit von Körper, Geist und Seele. Heute gibt es mehr als 300 Kundalini Yoga Zentren in 35 Ländern.

Als Befürworter des Weltfriedens und der religiösen Einheit beriet Yogi Bhajan politische und religiöse Führer. Nach einem erfüllten Leben, in dem er sich ganz dem Kundalini Yoga hingab, starb Yogi Bhajan am 6. Okober 2004 in Española/Neu Mexiko.

Die Kriya Meditation ist vom Kern her eine Mantra-Meditation. Sie wird allerdings noch um zwei Elemente ergänzt: Zum einen wird jedem Mantra eine Mudra zugeordnet. Eine Mudra ist eine spezielle Handhaltung, die besondere energetische Effekte hat.

https://www.freepik.com/free-photo/gyan-mudra-close-up_3939718.htm

Das Bild zeigt eine Mudra bei der sich Daumen und Zeigefinger berühren. Dieses wird in der Kirtan Kriya Meditation ebenfalls verwendet. Genaueres erfährst du im Aktionsplan. Zu dem Mantra und der Mudra kommt noch eine Visualisierung hinzu. Alle drei Elemente dieser Meditation haben energetische Effekte und man lernt sich hervorragend zu konzentrieren. Yogi Bhajan selber sagt:

„Wenn man diese Meditation jeden Tag für zweieinhalb Stunden praktiziert und dies ein Jahr lang, so erreicht man Erleuchtung."

Was du davon haben wirst

Nach Studien des Alzheimer Research Institutes hat die Kirtan Kriya-

Meditation erstaunlich viele Vorteile:[1]

- Abbau von Stress
- Gedächtnisverlust wird umgekehrt
- Das Wohlbefinden wird gesteigert
- Vermindert Depressionen
- Erhöht die Energiemenge
- Verbessert die Stimmung und den Schlaf
- Verlängert Telomere, das Ende von Chromosomen, die das Altern kontrollieren.
- Reduziert Entzündungen
- Schaltet die guten Gene ein, schaltet die schlechten Gene aus.
- Erzeugt einen gesunden Anti-Aging-Effekt im Gehirn.

Es gibt noch andere Studien: Helen Lavretsky und Michael Irwin von der UCLA führten eine Studie an Menschen durch, die sich um demente Familienmitglieder kümmerten und die zumindest leichte Symptome einer Depression aufwiesen. Dies ist eine der stressvollsten Situationen überhaupt. Die Probanden praktizierten 2 Monate Kirtan Kriya. Die Ergebnisse waren erstaunlich: Ihr Telomerase-Spiegel erhöhte sich 43 % und Entzündungen nahmen ab. Die Depressionen nahmen ebenfalls deutlich ab.[2] Die Telomere und Telomerase zeigen das biologische Alter an. Das bedeutet, Kritan Kriya-Meditation macht uns deutlich jünger. Es ist also nicht nur gut gegen Depressionen, sondern ist ein wirkungsvolles Anti-Aging Tool. Das verblüffende ist, dass diese Wirkungen mit nur 12 Minuten täglich erzielt werden.

Aktionsplan

Wir fangen mit der Vorbereitung an.

Vorbereitung

1. Umgebung: Du solltest die nächsten 15 Minuten ungestört sein. Schalte dein Handy auf Flugmodus und informiere ggf. deine Mitbewohner.

2. Haltung: Bei dieser Meditation sollte dein Rücken möglichst

---

[1] http://alzheimersprevention.org/research/

[2] Lavretsky, H., et al., »A Pilot Study of Yogic Meditation for Family Dementia Caregivers with Depressive Symptoms: Effects on Mental Health, Cognition, and Telomerase Activity«, International Journal of Geriatric Psychiatry 28, Nr. 1 (Januar 2013): S. 57–65, doi:10.1002/gps.3790.

gerade sein. Setze dich dazu auf einen Stuhl oder verwende ein Meditationskissen.

3. Vergegenwärtige dir M.A.U.S

M = Meditationsdauer

A = Absichtslosigkeit

U = Umgang mit schwierigen Gedanken & Gefühlen

S = Spielerische Herangehensweise

4. Nimm ein paar tiefe Atemzüge: Atme ein paar Mal tief in den Bauch ein und aus, um etwas zur Ruhe zu kommen.

Nun, da du dich vorbereitet hast, geht's los mit der eigentlichen Meditation.

Los geht's

1. Mantra: Fange mit dem Rezitieren der Mantras an. Sie lauten:

Sa, Ta, Na, Ma

Bei jeder Silbe berührst du Daumen und Zeigefinger, Daumen und Mittelfinger usw. Das sieht so aus:

Bei SA berühren sich Daumen und Zeigefinger

Bei TA berühren sich Daumen und Mittelfinger

Bei NA berühren sich Daumen und Ringfinger

Bei MA berühren sich Daumen und kleiner Finger

2. Visualisierung: Gleichzeit visualisiert du, dass die kosmische Energie (Prana) durch den Scheitelpunkt deines Kopfs eintritt, bis in die Mitte des Kopfes geht und zwischen deinen Augenbrauen austritt. Ich stelle mir die Energie immer als gelben Lichtstrahl vor. Die Energie hat eine L-Form. Diese Visualisierung machst du während der ganzen Meditation. Das heißt, beim Mantra *SA* stellst du dir bei *S* vor, wie die Energie im Scheitelpunkt eintritt, bei *A* visualisierst du, wie sie aus der Mitte deiner Stirn austritt. Das gleiche machst du bei den anderen Mantras. Pro Mantra visualisiert du also je ein neues Energie-L.

3. Lautstärke: Du sprichst und denkst das Mantra in verschiedenen Lautstärken. Du fängst an, das Mantra laut zu singen. Nach 2 Minuten flüsterst du das Mantra, danach rezitierst du es lautlos in Gedanken und dann wieder flüsternd usw. Es sieht wie folgt aus:

2 Minuten laut

2 Minuten flüstern

4 Minuten still in Gedanken

2 Minuten flüstern

2 Minuten laut

Ausklang

Zum Abschluss atme tief ein, hebe die Arme weit über den Kopf mit ausgebreiteten Fingern, halte die Luft an und spanne einmal kurz deinen Anus an. Dies aktiviert Energie. Kurz halten, dann loslassen und über die tolle Energieverteilung im Körper freuen. Es fühlt sich großartig an!

Belohne dich! Du hast wieder eine Meditation beendet – Glückwunsch! Lobe dich dafür oder gönne dir eine Kleinigkeit.

Tipps & Tricks

- **Kirtan Kriya** versetzt den Meditierenden in einen Zustand tiefer Konzentration. Dadurch entsteht eine tiefe Entspannung. Du fühlst dich danach klar und frisch, quasi wie nach einem erholsamen Schlaf.
- **Stressgeplagte**: Diese Meditation ist besonders für gestresste Menschen geeignet, da diese häufig viele Gedanken haben und unruhig sind. Die Kirtan Kriya Meditation beschäftigt den Meditierenden sehr gut, sodass die vielen Gedanken erst gar nicht entstehen können. Deswegen ist diese Meditation besonders für Stressgeplagte oder für Menschen, die viel grübeln, hervorragend geeignet.
- **Im Alltag**: Du kannst die Mantren Sa, Ta, Na, Ma auch im Alltag nutzen. Beispielsweise kannst du auf dem Weg zu Arbeit die Mantren im Geist sprechen, dabei die Mudras und Visualisierungen machen. Du kannst diese Meditation immer nutzen, wenn du gerade einfacheren Aktivitäten nachgehst, wie spazierengehen, joggen, Geschirr spülen, kochen etc. Das bringt Meditaton in deinen Alltag hinein und wird deinen Geist ruhiger werden lassen.

Ressourcen

Video: Die Erklärung hört sich vielleicht kompliziert an, ist es aber gar nicht. Ich empfehle allerdings, dir dazu ein Video anzusehen, das macht die Sache wirklich einfach: http://bit.do/KirtanKriya

Es gibt zahlreiche Videos auf YouTube zu dieser Meditation. In Ergänzung zu oben genanntem gefällt mir dieses Video gut: https://www.youtube.com/watch?v=Hliidx1htu8

Einige neue Aspekte zu dieser Meditation findest du hier: http://kuyome.com/kirtan-kriya-meditation-fuer-ausgewogenheit-der-psyche/

Kurze Zusammenfassung

- Die Kirtan Kriya Meditation ist etwas ganz Besonderes. Sie arbeitet auf mehreren Ebenen: Mudras, Mantras und Visualisierungen.
- Sie ist von Yogi Bhajan entwickelt worden, dem Begründer des Kundalini-Yoga. Er hat gerne Techniken entwickelt, die gleichzeitig auf mehreren Ebenen arbeiten. Ein anderes Beispiel ist das Breath Walking. Dies ist eine besondere Form des achtsamen Gehens, wo Mudras, Atmung und Mantras gleichzeitig benutzt werden.
- Sie ist sehr effizient: Man muss nur 12 Minuten täglich meditieren. Die positiven Effekte sind wissenschaftlich bewiesen.
- Sie ist eine gute Anfängermeditation und eignet sich besonders für Leute, die viele Gedanken haben. Wenn du also zu Grübeln neigst oder zu Stress, dann ist die Kirtan Kriya Meditation das Richtige für dich.

Tag 7 Kundalini-Meditation

„Mut ist eine Liebesaffäre mit der Ungewissheit." – Osho

Worauf du dich in diesem Kapitel freuen kannst ...

- Die Kundalini-Meditation gibt dir einen Energieschub
- Die 4 Phasen der Kundalini-Meditation
- Wer war Osho?

Dauer:	60 Minuten
Meditationsobjekt:	dein Körper
Entspannung	★★★★☆
Energie	★★★★★
Einfachheit	★☆☆☆☆

Was es ist

Die Kundalini-Meditation wurde von dem berühmten Weisheitslehrer Osho erfunden. Es ist eine aktive Meditation bei der geschüttelt, getanzt und entspannt wird. Diese Meditation wirkt als Energiedusche.

Osho war einer der berühmtesten modernen Erleuchteten. Er lebte von 1931-1990. Er hatte einen großen Anteil daran, dass das Konzept der Erleuchtung und Meditation im Westen bekannt wurde. Osho ging einen modernen und völlig anderen Weg als übliche traditionelle Wege. Er erschuf viele neue Meditationsformen, die er speziell für Menschen aus dem Westen entwickelte, wie zum Beispiel die Kundalini Meditation. Sie ist eine sogenannte aktive Meditation. Das bedeutet, dass man nicht stillsitzt, sondern seinen Körper bewegt. Osho war der Meinung, dass es gerade für den westlichen Menschen schwierig ist, eine bewegungslose Meditation zu praktizieren, wie eine Atem-Meditation, da der westliche Mensch einfach zu viele Gedanken hätte und zu unruhig sei.

https://www.deviantart.com/drawing-portraits/art/Osho-Bhagwan-Shree-Rajneesh-portrait-by-dry-brush-323469564

Deswegen besteht die erste Hälfte der Kundalini-Meditation (30 Minuten) aus zwei aktiven Phasen. In der **ersten Phase** wird der Körper geschüttelt. Das ist eine Technik aus dem Kundalini-Yoga. Diese Technik des Körperschüttelns baut Energie auf. Nach der ersten Phase fühlt man sich frisch und vitalisiert. Gleichzeitig werden dadurch Stress und Verspannungen abgebaut. In der **zweiten Phase** wird getanzt. Dies kannst du ganz frei machen, du musst also keinen Foxtrott hinlegen, nein, du kannst dich einfach der Musik hingeben und genauso tanzen, wie du es möchtest.

Das waren die beiden aktiven Phasen. Nun ist, laut Osho, der Meditierende bereit, in die Stille zu gehen. In der **dritten Phase** (15 Minuten) setzt sich der Meditierende und in der **letzten Phase** legt er sich hin.

Die Meditation dauert also 1 Stunde. Sie wird am späten Nachmittag oder Abend praktiziert. Die andere sehr bekannte aktive Meditation, die Osho ins Leben gerufen hat, ist die dynamische Meditation. Sie wird morgens praktiziert und hat einen kathartischen Effekt.

Was du davon haben wirst

Die Kundalini Meditation ist eine aktive Meditation, hat aber auch Elemente einer normalen formalen Meditation. Deswegen hat diese Meditationsform auch die üblichen positiven Effekte, wie Stressabbau, Ängste und Depressionen werden gemildert, das Immunsystem wird gestärkt usw.

Darüber hinaus wirkt die Meditation sehr stark auf energetischer und körperlicher Ebene. Nach Osho selbst hat die Kundalini Meditation folgende Vorteile:

- Innerer Frieden und Stille, bessere Aufmerksamkeit und Konzentration, beruhigender Einfluss auf jeden um uns herum.
- Stressmanagement durch Erhöhung der eigenen Stressresistenz und durch Veränderung der Reaktionen auf Dinge, die uns stören.
- Mit der Zeit wird das Gefühl der Glückseligkeit durch Meditationen ausreichen, damit die Meditierenden aufhören, nach anderen Quellen wie Rauchen und Trinken zu suchen, um glücklich zu werden.
- Verbesserte Gesundheit durch die Reinigung unseres feinstofflichen Systems. So wie unser physischer Körper eine gute ausgewogene Ernährung und ausreichende Bewegung zur Reinigung benötigt, braucht unser Geist Meditation, um den subtilen Körper zu reinigen, der unseren physischen Körper umgibt. Seher haben gesagt, dass Krankheiten zuerst im subtilen Körper beginnen, viele Wochen bevor sie im physischen Körper auftreten. So hält die Meditation die subtilen Körperenergien im Gleichgewicht.
- Veränderte Prioritäten. Wir beginnen, unsere eigene innere Quelle der Selbstmotivation, Selbstachtung und Lebensfreude zu entdecken. Wir erkennen, dass wir nicht auf äussere Faktoren, wie Einkommen, Aussehen usw. angewiesen sind.

Bei **langfristiger** Anwendung dieser Meditation entstehen weitere positive Effekte:

1. Körperlicher Nutzen der Meditation: Die Kundalini Meditation wirkt direkt auf die Kundalini Energie, indem sie die Körper-Elektrizität durch Körperschwingungen erzeugt und dann die erzeugte Energie über den ganzen Körper verteilt. So gewinnt unser Körper mehr Energie, Chakren werden geöffnet und es können sogar Krankheiten geheilt werden.

2. Mentale Vorteile der Meditation: Normalerweise sehen wir unsere Welt durch unsere Gedanken. Und wir haben ständig Gedanken im Kopf, Tag für Tag. So sehen wir die Welt, als ob wir sie durch eine farbige Brille sehen würden. Zu viele Gedanken können zu allerlei mentalen Problemen führen: Grübeln, Depressionen, Stress usw. Oshos aktive Meditationen helfen uns, die Gedanken in unserem mentalen Rahmen immer weniger erscheinen zu lassen und helfen uns auch, die Gedanken wie die Wolken am Himmel zu beobachten. Das gibt uns einen ruhigen und stressfreien Geist.

3. Emotionale Vorteile der Meditation: Wenn unsere Energie durch Meditation geweckt wird, werden auch unsere Emotionen ins Gleichgewicht gebracht: Negative Emotionen, wie Angst, Eifersucht und Unsicherheit werden reduziert. Positive Gefühle, wie Freude, Dankbarkeit und Gelassenheit können aufblühen.

4. Spirituelle Vorteile der Meditation: Die Meditation offenbart uns das ewige, göttliche Wesen, welches Wahrheit, Bewusstsein und Glückseligkeit ist. Alle Buddhas von Vergangenheit und Gegenwart haben es erklärt als Sat-Chit-Ananda, d.h. Wahrheit-Bewusstsein-Glückseligkeit. Wir werden Teil des Ganzen, wie ein Wassertropfen, der im Ozean aufgelöst wird. In der Meditation verschmilzt unsere Körperenergie mit der kosmischen Energie. Das bedeutet, dass unsere spirituelle Essenz, die bis dahin verborgen war, Wirklichkeit wird. Unsere Vereinigung mit dem Ganzen wird im Laufe der Meditation immer stärker werden und das ist zweifellos der wertvollste Nutzen, den uns das Erwachen von Kundalini bringen kann.

Die Kundalini-Meditation muss langfristig angewendet werden, damit die Kundalini-Energie erweckt wird. Aber auch eine kurzfristige Anwendung bietet vielfältige Möglichkeiten: Wir entspannen uns, fühlen uns frisch und energetisiert, nachdem wir die Kundalini-Meditation praktiziert haben

Aktionsplan

Diese Meditation dauert 1 Stunde. Du kannst aber auch die Kurzform von 30 Minuten praktizieren. Mehr dazu findest du unter der Rubrik „Tipps und Tricks“.

Vorbereitung

1. Diese Meditation machst du am besten am späten Nachmittag oder bei Sonnenuntergang. Sie dient unter anderem dazu, den Stress des Tages abzuschütteln und loszuwerden.

2. Trage ein bequemes Outfit bei dem du dich gut bewegen kannst. Suche dir einen ruhigen Ort, wo du die nächste Stunde nicht gestört wirst.

3. In den ersten drei Phasen wird eine spezielle Musik gespielt. Tipps dazu findest du wieder unten in „Tipps und Tricks". Musik solltest du vorbereitet haben, so dass du dich während der Meditation nicht mehr darum kümmern musst.

Die Meditation besteht aus vier Phasen die jeweils 15 Minuten dauern. Die wohl wichtigste Phase ist das Schütteln. Jede Phase hat ihre eigene Musik, die den Prozess unterstützt. Nur die letzte Phase nicht, die wird in vollkommener Stille abgehalten. Die Phasen folgen nacheinander ohne Pause.

Los geht's

Erste Phase 15 Minuten – Sich Schütteln

Sei locker und lasse deinen ganzen Körper sich schütteln. Spüre die Energie von den Füßen aufsteigen. Lasse alle Spannungen los. Deine Augen können offen oder geschlossen sein.

Lasse das Schütteln von selbst geschehen – mache es nicht! Stell dich still hin und fühle es kommen, und wenn dein Körper anfängt ein wenig zu zittern, dann hilf nach, aber mache es nicht. Genieße es, freue dich darüber, lasse es zu, heiße es willkommen, aber erzwinge es nicht.

Osho sagt dazu:

„Wenn du es erzwingst, wird eine Übung daraus, eine Gymnastik. Dann wird das Schütteln zwar da sein, aber nur an der Oberfläche, es durchdringt dich nicht. Im Innern bleibst du hart wie ein Stein, wie ein Felsbrocken. Du bleibst der Macher, und der Körper wird dir nur gehorchen. Aber um den Körper geht es nicht; es geht um dich.

Wenn ich sage schüttle dich, so meine ich, schüttle deine Härte, dein Wesen, das einem Felsblock gleicht. Dein ganzes Sein soll sich bis in die Grundfesten schütteln, damit es flüssig und fließend wird, damit es schmilzt und strömt.

Und wenn dein erstarrtes Wesen zu fließen beginnt, geht dein Körper mit. Dann gibt es niemanden, der sich schüttelt, nur noch das Schütteln. Dann macht es niemand, dann geschieht es einfach. Der Macher ist nicht da."

Zweite Phase 15 Minuten – Tanzen

Tanze wie es dir Spaß macht, und lass den ganzen Körper sich so bewegen, wie er will. Die Augen können offen oder geschlossen sein.

Dritte Phase 15 Minuten – Wahrnehmen

Schließe die Augen und sei still. Setze dich hin, bleibe stehen oder lege dich hin. Schaue, was in deinem Körper nun geschieht. Versuche es als unbeteiligter Beobachter zu tun. Spüre das Kribbeln und Vibrieren deines Körpers. Das ist die Lebensenergie. Sie wurde durch die beiden vorhergehenden Phasen angeregt. Wenn du merkst, dass du in Gedanken bist, so kehre zur Beobachtung deines inneren Körpers zurück.

Vierte Phase 15 Minuten – Still liegen

Lege dich mit geschlossenen Augen hin und sei still. Dies ist die einzige Phase, bei der keine Musik gespielt wird. Hier bist du ganz still und entspannt. Du wirst keinen Stress mehr verspüren. Beobachte einfach, was sich in deinem Körper abspielt oder richte deine Aufmerksamkeit auf die Lebensenergie, also das Vibrieren und Kribbeln in deinem Körper.

Ausklang

Komm´ behutsam in den Raum zurück. Recke und strecke dich und öffne deine Augen.

Belohne dich! Du hast eine einstündige Meditation geschafft! Das hast du sehr gut gemacht.

Wie oft? Wie lange? Du kannst diese Meditation ergänzend zu stillen Meditationen machen, wie die Atem-Meditation. Du würdest dann die Kundalini-Meditation ein bis dreimal wöchentlich durchführen. Du kannst diese Meditation auch als *Challenge* machen: Das bedeutet, du würdest diese Meditationsform einen Monat täglich praktizieren. Der Sinn dieser Challenge ist, dass du die Energien deines Körpers intensiv aktivierst.

Tipps & Tricks

- **Ohne Verstand**: Versuche während der ersten beiden Phasen dieser Meditation, deinen Verstand außen vor zu lassen. Versuche loszulassen und dich den Übungen hinzugeben. Das ist nicht immer leicht und wenn es nicht klappt, so ist das kein Problem. Mit etwas Übung wird es dir immer leichter fallen, deinen Verstand loszulassen.
- **Veranstaltung in deiner Stadt**: Du kannst auch eine Kundalini Meditation in deiner Stadt besuchen. In fast jeder größeren deutschen Stadt gibt es solche Veranstaltungen. Es lohnt sich dort einmal hinzugehen, denn wenn du diese Meditation mit mehreren Gleichgesinnten praktizierst, so kann sie eine noch stärkere Wirkung entfalten.
- **Kurzversion**: Du kannst auch eine Kurzversion durchführen: Hierbei machst du nur das Schütteln für 15 Minuten und danach legst du dich 15 Minuten in Stille hin. Es ist zu empfehlen die gesamte Stunde zu machen, aber leider ist das nicht immer möglich. Dann praktiziere gerne die Kurzversion, sie hat auch durchaus eine starke Wirkung.

Ressourcen

Erklärvideo: Du kannst dir die Vorgehensweise bei der Kundalini-Meditation auch auf Video ansehen. Zum Beispiel das Folgende: Https://www.youtube.com/watch?time_continue=47&v=2s1SnTcSmqE

Musik: Während dieser Meditation wird Musik gespielt. Die verschiedenen Musikstücke sind auf die jeweiligen Phasen hin angepasst. Die einzelnen Musikstücke sind kostenlos bei YouTube erhältlich, zum Beispiel unter folgendem Link: Https://www.oshorajneesh.com/download/osho-meditations/osho_kundalini_meditation.mp3

Kurze Zusammenfassung

- Diese Meditation ist ein Meisterwerk des berühmt-berüchtigten Lehrers Osho. Kundalini ist die Schlangenkraft, die, wenn sie erweckt wird, die Wirbelsäule hochsteigt. Die Kundalini-Energie zu erwecken ist das Ziel vieler energetischer Disziplinen, wie zum Beispiel das Kundalini-Yoga.
- Die Meditation setzt sich aus vier Phasen zusammen:

schütteln, tanzen, in Stille sitzen und liegen. Anders als die anderen Meditationen, ist dies eine aktive Meditation. Osho war der Meinung, dass es für uns Menschen aus dem Westen schwierig sei, direkt still mit unseren Gedanken zu sitzen. Deswegen setzte er zwei aktive Phasen (Schütteln und Tanzen) vor die beiden Stillphasen.

- Jede der Phasen dauert 15 Minuten, also ist die Meditation insgesamt 1 Stunde lang. Ich weiß, das ist lang, aber ich möchte dir ans Herz legen, sie auszuprobieren. Sie ist wirklich außergewöhnlich. Es gibt sie übrigens auch in einer kurzen Variante, bei der wir uns nur schütteln und danach in Stille hinlegen.
- Die Meditation regt unsere Energie an. Wir fühlen uns danach erfrischt und vitalisiert. Gleichzeitig aber entspannt und ruhig.

Tag 8 Energie-Meditation

„Vergiss nicht, man braucht nur wenig, um ein glückliches Leben zu führen." – Marc Aurel

Worauf du dich in diesem Kapitel freuen kannst ...

- Wer war Dr. Shioya?
- Der Jungbrunnen des Dr. Shioya
- Die genaue Anleitung zur Lang-Lebe-Meditation

Dauer:	15-20 Minuten
Meditationsobjekt:	Atem
Entspannung	★★☆☆☆
Energie	★★★★★
Einfachheit	★☆☆☆☆

Was es ist

Wir hatten schon eine energetisch orientierte Meditation kennengelernt und zwar die Kundalini-Meditation. Nun stelle ich dir eine weitere Energie-Meditation vor und zwar die Lang-Lebe-Atmung des Doktor Shioya. Diese spezielle Meditation wirkt auf vielen Ebenen. Es werden Elemente aus dem Kundalini-Yoga genutzt, in Verbindung mit einer speziellen Atmung. Darüber hinaus wird visualisiert. Diese Meditation ist also anspruchsvoll, aber es lohnt sich! Sie gibt dir jederzeit Entspannung und einen Energieschub.

Dr. Shioya war als Kind sehr kränklich und wurde deswegen Arzt. Er machte es zu seiner Lebensaufgabe herauszufinden, wie man lange lebt. Im März 2008 ist Dr. Shioya kurz vor seinem 106. Geburtstag verstorben. Seine Erkenntnisse legte er in seinem Buch „Die Kraft strahlender Gesundheit" nieder. Darin stehen viele tolle Informationen. Der Kern seiner Lehre zum langen Leben ist die *Lange Lebe-Atmung*. Sie versorgt den Körper mit Sauerstoff und Energie. Sie ist sehr zu empfehlen. Man spürt die Wirkung sofort. Damit diese Atmung ihre volle Wirkung entfalten kann, sollte sie langfristig angewendet werden. Am besten das ganze Leben lang.

Es gibt eine Reihe von Energie-Meditationen. Um die Wichtigsten zu nennen:

- **Taoistische Energie-Meditationen**: Der Taoismus beschäftigt sich schon seit Jahrtausenden mit der Energiekultivierung. In der westlichen Welt ist vor allen der Lehrer *Mantak Chia* berühmt geworden. Er hat zahlreiche Bücher zu diesem Thema geschrieben. Man lernt, wie man seine Energie bewusst steuern und aufbauen kann. Eine zentrale Übung ist, durch

Anspannen des Anus die Lebensenergie durch die Wirbelsäule hochzuziehen. Diese Energie lässt man im Kopf kreisen und leitet sie dann runter in das Energiezentrum unter dem Bauchnabel.

- **Kundalini-Yoga**: Kundalini heißt übersetzt „Schlangen-Energie". Wird diese Energie aktiviert, so steigt sie die Wirbelsäule hoch. Deswegen der Name „Schlangen-Energie". Beim Kundalini-Yoga geht es sehr stark um diese Schlangen-Energie. Es gibt ähnliche Techniken wie beim Taoismus, aber auch viele andere. Der *Feuer-Atem* ist eine der bekanntesten Kundalini-Yoga-Techniken. Das Erwecken der Kundalini-Energie kann eine sehr intensive Erfahrung sein. Sie ist nicht ganz ungefährlich, und sollte deswegen nur unter der Anleitung eines erfahrenen Lehrers praktiziert werden.
- Es gibt noch viele andere Yoga-Richtungen, die sich mit der Lebensenergie befassen, wie zum Beispiel **Kriya-Yoga**. Hier steht die Chakren-Lehre im Mittelpunkt. Dies sind sieben Energiezentren, die sich im menschlichen Körper befinden.

In diesem Bild siehst du die Verteilung der sieben Chakren. Das unterste, das Wurzelchakra, befindet sich im Beckenbereich in Dammlage. Das oberste Chakra, das Kronenchakra befindet sich an der obersten Stelle unseres Schädels. Damit die Energie fließen kann, sollten alle Chakren geöffnet sein.

- Es gibt aber auch westliche Wege, wie die *Bioenergetik* oder die *Orgon*-Therapie nach Wilhelm Reich, einem Schüler Sigmund Freuds. Eine recht neue Richtung der Psychotherapie ist die *energetische Psychotherapie*. Sie arbeitet mit Klopfmethoden, wobei Akkupressurpunkte mit den Fingerkuppen geklopft werden.

Was du davon haben wirst

Schauen wir uns diese Energie-Meditation genauer an. Sie besteht aus 3 unterschiedlichen Elementen:

- **Atemtechnik**: bei der Lang-Lebe-Atmung wenden wir eine spezielle Atemtechnik an, wobei der Atem durch Anspannen des Unterbauchs und durch Runterdrücken des Zwerchfells unterstützt wird. Dadurch nimmt der Körper sehr viel Sauerstoff auf.
- **Kundalini-Technik**: Das feste Anspannen des Anus ist eine Technik aus dem Kundalini-Yoga. Es ist eine Energietechnik, die dein Energielevel anheben wird.
- **Visualisierung**: Wir stellen uns während der Meditation vor, wie sich unser Körper mit Licht-Energie füllt. Beim Ausatmen, stellen wir uns vor, wie Schlacken, Abfälle usw. unseren Körper verlassen.

Alle drei Elemente für sich wirken bereits stark. Atemtechniken wirken entspannend und wie in diesem Fall, energetisierend. Die Kundalini Technik baut zusätzlich Energie auf. Dies führte dazu, dass wir resilienter werden und Stress abbauen können. Gleichzeitig werden Ängste und auch Depressionen gemildert. Visualisierungen haben unterschiedliche Effekte. Sie wirken motivierend und schaffen gute Laune.

Der wichtigste Faktor dieser Meditation ist es aber, dass sie heilend wirkt und zwar auf energetischer, geistiger und körperlicher Ebene.

Aktionsplan

Genug der Vorrede, fangen wir an.

Vorbereitung

1. Gerader Rücken und Mudra: Setze dich mit aufrechtem Rücken hin. Dadurch kannst du besser atmen. Wenn dir Sitzen schwerfällt, dann leg dich hin.

Bilde mit den Händen eine Mudra. Das ist eine bestimmte Handposition, die energetisch wirkt. Die Mudra sieht wie im Bild aus.

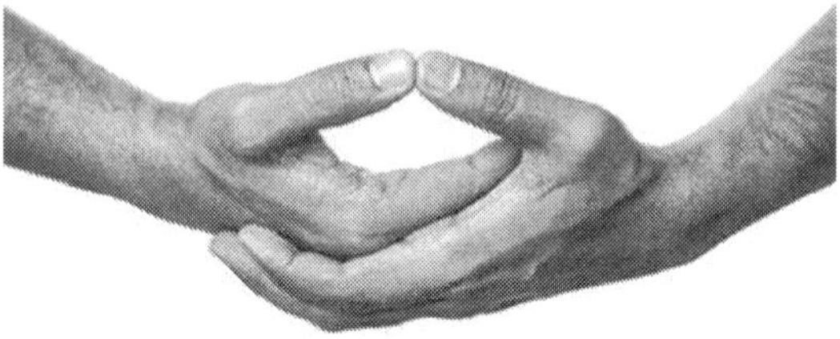

https://www.yogaeasy.de/artikel/alles-ueber-mudras

Wenn du Rechtshänder bist, lege deine rechte Hand über deine linke Hand. Als Linkshänder machst du es umgekehrt. Deine Hände liegen entspannt auf Höhe deines Nabels.

2. Vergegenwärtige dir M.A.U.S

M = Meditationsdauer

A = Absichtslosigkeit

U = Umgang mit schwierigen Gedanken & Gefühlen

S = Spielerische Herangehensweise

Los geht's

1. Einatmen: Atme lautlos durch deine Nase in den Bauch ein, bis dein Bauch und deine Lungen völlig mit Luft gefüllt sind. Dann drücke die eingeatmete Luft nach unten in den unteren *„Dantian"*. Dadurch senkt sich automatisch dein Zwerchfell. Der untere Dantian ist ein Energiepunkt, der traditionellen chinesischen Medizin. Dort können wir eine Menge Energie sammeln. Er liegt 5 - 7 cm unter dem Nabel und 5 - 7 cm hinter dem Nabel im Körper. Der Dantian liegt also nicht auf der Hautoberfläche, sondern im Körperinneren.

Visualisiere: Stelle dir dabei vor, wie sich die Energie des Universums im Dantian sammelt und sich dieses Licht im ganzen Körper verteilt. Der Dantian ist ein Energiezentrum unterhalb des Bauchnabels. Ich stelle mir diese Energie des Universums immer als weißgelbes strahlendes Licht vor.

2. Atem anhalten: Spanne den Unterbauch und deinen Schließmuskel fest an. Maximal 10 Sekunden. Nur solange, dass es nicht unangenehm wird.

Visualisierung: Stelle dir beim Atem anhalten vor, wie dein Körper vollkommen gesund ist. Auch wenn du an einer Krankheit leidest, kannst du dir vorstellen, wie du gesund bist. Visualisiere dann speziell den Bereich deiner Krankheit als gesund. Hast du zum Beispiel Knieprobleme, so stelle dir vor, dass das Knie wunderbar funktioniert und du Sport treibst.

3. Ausatmen: Atme langsam und lautlos durch die Nase aus und lasse langsam die Spannung los. Das Ausatmen sollte doppelt so lang, wie das Einatmen dauern.

Visualisierung: Stelle dir vor, wie alle Schlacken, Giftstoffe und Abfälle in deinem Körper mit dem Ausatmen vollständig ausgeschieden werden. Visualisiere, wie dein gesamter Körper gereinigt ist. Die Zellen des ganzen Körpers haben sich verjüngt.

4. Normal atmen: Atme 1 oder 2 Mal normal durch, bevor du wieder die Lang-Lebe-Atmung machst. Wiederhole die Schritte 1-4 mehrmals.

Ausklang

Bleibe noch etwas sitzen und spüre in dich hinein. Mache ein, zwei Atemzüge tief in den Bauch. Dann recke und strecke dich: Die Meditation ist beendet.

Belohne dich! Du hast eine tolle Energie-Meditation kennengelernt. Das hast du gut gemacht. Lobe dich dafür oder gönne dir eine andere kleine Belohnung.

Wie oft? Wie lange? Ideal ist es, wenn du täglich 25 Mal nach dieser Atemtechnik atmest. Du kannst es gerne abends vor dem Schlafengehen machen.

Tipps & Tricks

- Wenn du eine bestimmte Krankheit behandeln möchtest, dann visualisierst du Gesundung während du den Atem anhältst. Dies solltest du für mindestens 5 Atmungen praktizieren. Wenn du also 25 Atemzüge machst, kannst du 5 Krankheiten behandeln. Geht es dir nur um eine Krankheit, so kannst du die entsprechende Visualisierung 25 Mal wiederholen.
- Anstatt Krankheiten zu visualisieren, kannst du

stattdessen alles, was gerade anliegt, visualisieren. Du kannst beispielsweise visualisieren, wie *dein ganzer Körper vollkommen gesund ist und voller unbändiger Energie.* Wenn du gerade gestresst bist, dann stelle dir vor, wie du ganz entspannt bist.

- Du kannst die 25 Atemzüge über den Tag verteilen.
- Schritt für Schritt: Diese Technik ist anspruchsvoll und bedarf etwas Übung. Fange deswegen erst mit der Atemtechnik ohne Visualisieren an. Übe dies für ein paar Tage. Wenn du die Atemtechnik im Schlaf kannst, füge dann die Visualisierungen hinzu.

Ressourcen

Ich empfehle dir wirklich sehr das Buch von Dr. Shioya zu kaufen: „Der Jungbrunnen des Dr. Shioya". Es ist voll von wertvollen Informationen, um jung und voller Energie zu bleiben.

Du kannst dir diese Atemtechnik auch als Video anschauen: https://www.youtube.com/watch?v=FYJkQPg_TUE. Für den Anfang ist es immer eine gute Möglichkeit.

Kurze Zusammenfassung

- Die Energie-Meditation, die ich dir hier vorstelle, ist die Lang-Lebe-Atmung des Dr. Shioya. Er hat eine besondere Geschichte: Er war als Kind von schweren Krankheiten geplagt. Aus diesem Grund ist er Arzt geworden, um die Ursachen für ein langes Leben zu ergründen. Er hat eine tolle Methode entwickelt, deren zentraler Bestandteil die Lang-Lebe-Atmung ist. Dr. Shioya ist 105 Jahre geworden.
- Diese Meditation gibt dir einen Energie-Schub. Es ist eine Kombination aus Atem-, Energie- und Visualisierungstechnik. Sie kann auch als Mini-Meditation für beispielsweise 3 Minuten im Alltag praktiziert werden. Besser ist es, wenn wir sie 15-20 Minuten als „richtige" Meditation praktizieren.
- Meditation wirkt entspannend, energieaufbauend und wenn wir Sie langfristig anwenden, sogar heilend.

Tag 9 Liebende-Güte-Meditation

„Liebe ist die Musik der Seele" – Monika Minder

Worauf du dich in diesem Kapitel freuen kannst ...

- Welche Varianten gibt es?
- Die vielen Vorteile der Liebenden-Güte-Meditation
- Die genaue Anleitung

Meditationsobjekt:	Atem
Entspannung	★★★★☆
Energie	★★☆☆☆
Einfachheit	★★★☆☆

Was es ist

Die Liebende-Güte-Meditation ist eine fortgeschrittenere Meditation. Trotzdem ist sie einfach. Bei dieser Meditation geht es darum, dass wir Liebe und Güte entwickeln. Das bedeutet, dass wir vor allem uns selbst wohlwollend begegnen. Dies schließt auch negative Ereignisse mit ein, wie z.B. negative Gefühle oder Körperempfindungen, die wir haben. Wir begegnen ihnen mit Liebe und Güte. Dies können wir sogar auf neutrale Personen oder sogar auf Feinde ausweiten. Wir begegnen ihnen mit Liebe und Güte.

Die Liebende-Güte-Meditation wird häufig als **Metta-Meditation** bezeichnet. Sie wirkt auch hervorragend gegen Ängste. Dazu eine Geschichte von Buddha selbst.

Buddha gab einigen seiner Mönche die Anweisung, dass sie im Wald meditieren sollten. Die Mönche gingen tief in den Wald hinein, setzten sich hin und fingen an zu meditieren. Plötzlich tauchten Waldgeister auf. Sie sahen sehr bedrohlich aus und machten furchterregende Geräusche. Die armen Mönche erschreckten sehr und rannten schnell wie die Hasen zurück zu Buddha. „Verehrter Buddha, im Wald sind fürchterliche Geister. Wir können dort nicht meditieren!" Buddha entgegnete gelassen: „Doch! Gerade dann solltet ihr im Wald meditieren. Ich werde euch eine Meditation mitgeben, mit der ihr die Waldgeister bezwingen könnt." Nicht sehr überzeugt ließen sich die Mönche die Meditation der liebenden Güte erklären. Vor Angst schlotternd und ein bisschen sauer auf Buddha schlichen sie wieder in den Wald hinein. Dort praktizierten sie die Metta-Meditation. Die Waldgeister kamen wieder. Diesmal aber schlugen ihnen Wellen der Güte und des Mitgefühls entgegen, das ließ ihren Zorn verschwinden. Sie nahmen keine furchterregenden Gestalten mehr an und machten auch keine fiesen Geräusche. Es hieß sogar, dass sie von nun an den Mönchen dienten.

Das Thema Liebe und Mitgefühl ist in vielen Traditionen und Wegen ein zentraler Bestandteil.

- In der hinduistischen Tradition gibt es das **Bhakti-Yoga**. Es ist das Yoga der Hingabe und Liebe. Eine zentrale Technik im Bhakti-Yoga ist das Rezitieren von Mantras.
- Auch im **Christentum** und im **Islam** ist die Liebe ein grundlegender Bestandteil der Religion.

Was du davon haben wirst

Die Liebende-Güte-Meditation hat viele Vorteile. Diese sind durch zahlreiche Studien belegt:[1]

1. Erhöht positive Emotionen & Verringert negative Emotionen: In einer wegweisenden Studie fanden Barbara Frederickson und ihre Kollegen (Fredrickson, Cohn, Coffey, Pek, & Finkel, 2008) heraus, dass das Üben der Liebende-Güte-Meditation 7 Wochen lang, Liebe, Freude, Zufriedenheit, Dankbarkeit, Stolz, Hoffnung, Interesse, Vergnügen und Ehrfurcht erhöht. Diese positiven Emotionen führten dann zu einem Anstieg der persönlichen Ressourcen (z.B. erhöhte Achtsamkeit, Lebensinhalt, soziale Unterstützung, verminderte Krankheitssymptome), was wiederum eine erhöhte Lebenszufriedenheit und reduzierte depressive Symptome verursachte.

Wir denken normalerweise nicht an Meditation als die Möglichkeit, uns bei schweren körperlichen oder geistigen Beschwerden zu helfen,

---

[1] https://emmaseppala.com/18-science-based-reasons-try-loving-kindness-meditation-today/.

aber die Forschung zeigt, dass es möglich ist.

2. Verringert Migräne: Eine aktuelle Studie von Tonelli et al. (2014) zeigte die unmittelbaren Auswirkungen einer kurzen Liebende-Güte-Meditation auf die Verringerung von Migräneschmerzen und die Linderung emotionaler Spannungen im Zusammenhang mit chronischer Migräne.

3. Vermindert chronische Schmerzen: In einer Pilotstudie mit Patienten, die unter chronischen Kreuzschmerzen litten, wurden diese in zwei Gruppen aufgeteilt. Die eine Gruppe praktizierte Liebende-Güte-Meditation, die andere erhielt die Standardbehandlung. Das erstaunliche Ergebnis war, dass die Liebende-Güte-Meditation zu einem stärkeren Rückgang von Schmerzen, Wut und psychischer Belastung führte, als die Kontrollgruppe (Carson et al., 2005).

4. Verringert PTBS (Posttraumatische Belastungsstörung): Eine Studie von Kearney et al. (2013) ergab, dass ein 12-wöchiger Kurs zur Liebende-Güte-Meditation Depressionen und PTBS-Symptome bei Veteranen, bei denen PTBS diagnostiziert wurde, signifikant reduzierte.

5. Verringert Schizophrenie-Spektrum-Störungen: Eine weitere Pilotstudie von Johnson et al. (2011), untersuchte die Auswirkungen der Liebende-Güte-Meditation bei Menschen mit Schizophrenie-Spektrums-Störungen. Die Ergebnisse zeigten, dass die Liebende Güte-Meditation mit verminderten negativen Symptomen und erhöhten positiven Emotionen und psychologischer Erholung verbunden war.

Wir wissen, dass das Gehirn durch unsere Aktivitäten geformt wird. Regelmäßig praktizierte Liebende-Güte-Meditation aktiviert und stärkt Hirnareale, die für Empathie und emotionale Intelligenz verantwortlich sind.

6. Aktiviert Empathie & emotionale Verarbeitung im Gehirn: Dies konnte in mehreren Studien gezeigt werden: (Hutcherson, Seppala & Gross, 2014) und auch (Hoffmann, Grossman & Hinton, 2011).

7. Erhöht das Volumen der Grauen Substanz in Bereichen des Gehirns, die mit der Emotionsregulation zusammenhängen: Leung et al. (2013); Lutz et al. (2008); Lee et al. (2012). Dies ist ein besonders verblüffendes Ergebnis: Die Liebende-Güte-Meditation vergrößert also tatsächlich unser Gehirn.

Liebende-Güte-Meditation kommt auch deiner Psychophysiologie zugute und macht sie widerstandsfähiger.

8. Erhöht die respiratorische Sinus-Arrhythmie (RSA): Nur 10 Minuten Liebende-Güte-Meditation haben eine sofortige entspannende Wirkung, wie die erhöhte respiratorische Sinusarrhythmie (RSA), ein Index der parasympathischen Herzkontrolle (d.h. ihre Fähigkeit, in einen entspannenden und erholsamen Zustand zu gelangen), und eine verlangsamte (d.h. entspanntere) Atemfrequenz (Gesetz, 2011 Referenz) belegen.

9. Verlangsamt das Altern: Wir wissen, dass Stress die Telomerlänge verringert (Telomere sind kleine Teile Ihrer Erbanlagen - Chromosomen - die ein biologischer Marker für das Altern sind). Hoge et al. (2013) fand jedoch heraus, dass Frauen mit Erfahrung in der Liebende-Güte-Meditation im Vergleich zur gleichaltrigen Kontroll-Gruppe eine relativ längere Telomerlänge hatten! Wirf also deine teuren Anti-Aging-Cremes weg und lege dir ein Meditationskissen zu!

10. Macht dich zu einer hilfsbereiten Person: Die Liebende-Güte-Meditation scheint sowohl positive zwischenmenschliche Einstellungen als auch Emotionen zu verbessern. So führten Leiberg, Klimecki und Singer (2011) eine Studie durch, die die Auswirkungen der Liebende-Güte-Meditation auf das prosoziale Verhalten untersuchte und fanden heraus, dass die Gruppe der Liebenden-Güte-Meditation im Vergleich zu einer Gedächtniskontrollgruppe ein erhöhtes Hilfsverhalten im Spielkontext zeigte.

11. Erhöht das Mitgefühl: Eine durchgeführte Überprüfung von auf Achtsamkeit basierenden Interventionen (MBIs) kommt zu dem Schluss, dass die liebende Freundlichkeitsmeditation die effektivste Praxis zur Steigerung des Mitgefühls sein könnte (Boellinghaus, Jones & Hutton, 2012).

12. Erhöht die Empathie: In ähnlicher Weise fanden Klimecki, Leiberg, Lamm und Singer (2013) heraus, dass das Training der Liebenden-Güte-Meditation die empathischen Reaktionen der Teilnehmer auf die Notlage anderer erhöht, aber auch positive effektive Erfahrungen erhöht, selbst als Reaktion auf das Erleben anderer in Not.

13. Verringert Ihre Vorurteile gegenüber anderen: Eine Studie (Kang, Gray & Dovido, 2014) ergab, dass im Vergleich zur Kontrollgruppe, sechs Wochen des Liebende-Güte-Meditationstrainings die implizite Verzerrung gegenüber Minderheiten verringerten.

14. Erhöht die soziale Verbindung: Eine Studie von Kok et al. (2013) ergab, dass die Teilnehmer an den Interventionen der Liebende-Güte-Meditation, von positiveren Emotionen berichten und von intensiveren sozialen Bindungen.

Wie viele von uns sind Sklaven der Selbstkritik oder des niedrigen Selbstwertgefühls? Wie viele von uns kümmern sich nicht so gut um sich selbst? Auch hier kann Liebende-Güte-Meditation helfen.

15. Verringert Selbstkritik: Eine Studie von Shahar et al. (2014) ergab, dass die Liebende-Güte-Meditation für selbstkritische Individuen wirksam war, um Selbstkritik und depressive Symptome zu reduzieren oder auch Selbstmitgefühl und positive Emotionen zu verbessern. Diese Änderungen wurden sogar noch 3 Monate nach der Intervention beibehalten.

Das Schöne an der Liebenden-Güte-Meditation ist, dass sie sowohl in unmittelbaren, als auch in kleinen Dosen (d.h. bei sofortiger Befriedigung) wirksam ist, aber auch eine lang anhaltende und dauerhafte Wirkung hat.

16. Liebende-Güte-Meditation ist auch in kleinen Dosen wirksam: In einer Studie - Hutcherson, Seppala und Gross (2008) wurden kleine Dosen von Liebende-Güte-Meditation verabreicht und zwar in einer einzigen kurzen Sitzung, die weniger als 10 Minuten dauerte. Im Vergleich zu einer Kontrollaufgabe erhöhten schon wenige Minuten liebevoller Freundlichkeitsmeditationen das Gefühl der sozialen Verbundenheit und der Positivität gegenüber Fremden.

17. Hat langfristige Auswirkungen: Eine Studie von Cohn et al. (2011) ergab, dass 35% der Teilnehmer einer Liebende-Güte-Meditation, die weiterhin meditierten, 15 Monate nach der Intervention verstärkt positive Emotionen hatten. Es konnte sogar festgestellt werden, je mehr meditiert wurde desto mehr positive Emotionen stellten sich ein.

Das sind wirklich zahlreiche positive Effekte. Es lohnt sich also, die Liebende-Güte-Meditation anzuwenden. Also nichts wie hin auf das Meditationskissen.

Aktionslan

Traditionell hat die **Metta-Meditation** oder **Liebende-Güte-Meditation** 4 Stufen:

1. Die Arbeit mit sich selbst: Dies ist die erste Stufe. Dabei richtest du deine Liebe und Güte auf dich selbst.

2. Die Arbeit mit nahestehenden Menschen: Wenn du die erste Stufe problemlos meisterst und deine Liebe und Güte wirklich spürbar auf dich selbst richtest, kannst du anfangen, deine Liebe und Güte auf nahestehende Personen zu richten. Es können Freunde sein, dein Partner oder deine Familienmitglieder.

3. Neutrale Personen: Hier wird es schon etwas schwieriger. Richte nun deine Liebe und Güte auf Personen, die dir nichts bedeuten.

4. Personen, die du nicht magst: Hier wird es schon etwas haarig. Aber du hast in den vorhergehenden Stufen fleißig geübt. Deswegen wirst du auch diese schwierige Stufe bewältigen können. Nimm dir aber am Anfang nicht direkt deinen gemeinsten Todfeind. Fange mit Leuten an, die du nur ein bisschen nicht magst. Und dann arbeitest du dich zu deinen größeren und kleineren Feinden vor. Wenn du überhaupt welche hast. Solchen Personen mit Liebe und Güte zu begegnen, ist nicht einfach. Setz dich dabei nicht unter Druck. Wenn es dir nicht gelingt, so konzentriere dich auf neutrale Personen. Beim nächsten Mal versuchst du's wieder. Irgendwann klappt es bestimmt.

In der Praxis ist es so, dass sich tatsächlich viele Feindschaften auflösen, wenn du die Liebende-Güte-Meditation auf deine Feinde anwendest. Letztendlich geht es aber nicht darum, sondern um deinen inneren Frieden. Wenn du Menschen nicht magst, so haben sie Macht über dich, denn sie können dir negative Gefühle bescheren. Mit der Metta-Meditation kannst du trotzdem im Frieden bleiben.

Ich werde dir hier die erste Stufe vorstellen. Alle 4 Schritte zu praktizieren kann Stunden dauern und ist eher für „Retreats" geeignet. Du kannst aber problemlos die hier vorgestellte Anleitung auf andere Personen erweitern.

Vorbereitung

Die folgende Anleitung habe ich von der Webseite https://zentrum-fuer-achtsamkeit.koeln. Für die Metta-Meditation gibt es verschiedene, leicht unterschiedliche Anleitungen. Die Folgende ist besonders sanft formuliert. Was alle anderen Anleitungen gemeinsam haben, sind die Sätze. Sie sind der Kern der Metta-Meditation.

Vorbereitung

1. Setze dich bequem hin auf einen Stuhl oder in einen Sessel. Der Rücken sollte gerade sein, da dein Geist sonst schläfrig ist. Falls es aber gesundheitlich nicht anders geht, kannst du dich hinlegen. Nimm einen bis drei tiefe Atemzüge in den Bauch.

2. **Vergegenwärtige dir M.A.U.S**

M = Meditationsdauer

A = Absichtslosigkeit

U = Umgang mit schwierigen Gedanken & Gefühlen

S = Spielerische Herangehensweise

Los geht's

Liebende Güte Meditation für dich selbst

1. Finde eine bequeme und offene Position, in der du wach und aufmerksam sein kannst. Deine Atmung sollte ungehindert fließen können, dein Körper möglichst entspannt sein. Du kannst dann deine Augen langsam schließen.

2. Atme einige Male tief ein und aus, sodass du eventuelle Anspannungen mit dem Ausatmen abfließen lassen kannst. Gib noch etwas Gewicht an den Untergrund ab, der dich trägt und hält. Nimm dir gerne etwas Zeit, um mit deinem Körper und Geist an diesem Ort anzukommen.

3. Lege deine Hand auf deinen Herzbereich, um dich daran zu erinnern, deine Aufmerksamkeit weich und sanft werden zu lassen. Atme für ein paar Atemzüge vom Herzen aus. Nimm die Wärme und Zuwendung wahr, die du dir selbst gibst. Spüre dabei, wie sich dein Brustkorb mit jedem Atemzug hebt und senkt. Lass dich von dieser Bewegung deines Körpers beruhigen.

4. Kehre, wenn du von Gedanken oder Geräuschen abgelenkt wirst, zum Atem zurück und ruhe dich darauf aus. Spüre in deinen Körper und fühle, wie er sich gerade jetzt in diesem Moment anfühlt. Nimm es einfach wahr, ohne es zu verändern oder anders haben zu wollen. Jetzt in diesem Moment. Vielleicht gibt es Stellen, in deinem Körper, die sich ganz und entspannt anfühlen. Vielleicht spürst du aber auch Anspannung oder Schmerz. Versuche unangenehme Empfindungen liebevoll wahrzunehmen. Lenke einen Teil deiner Aufmerksamkeit auf den Bereich deines Herzens. Oft sind unangenehme Körperempfindungen mit Gefühlen verbunden. Spüre nach, welche Gefühle du in diesem Augenblick wahrnehmen kannst. Es können auch mehrere Gefühle gleichzeitig sein.

5. Wir alle leiden, weil das Leben unvollkommen ist und weil wir unvollkommen sind. Leiden gehört zum Leben für jeden Menschen dazu. Unser Leben ist voller Herausforderungen und wir versuchen, diese schwierigen Erfahrungen mit Wohlwollen und Freundlichkeit zu begegnen. Jedes Lebewesen wünscht sich, frei von Leid zu sein und glücklich und zufrieden zu leben. Spüre den natürlichen Wunsch nach Glück in deinem Herzen.

6. Sätze: Vielleicht hast du schon deine eigenen Worte gefunden, um dies auszudrücken. Worte, die dir in diesem Moment etwas bedeuten. Ansonsten wiederhole die folgenden Sätze behutsam mit liebevoller Aufmerksamkeit:

Möge ich sicher sein.

Möge ich glücklich sein.

Möge ich mich so annehmen, wie ich bin.

Du kannst die Sätze jederzeit durch deine eigenen ersetzen. Du kannst aber auch nur ein Wort in dir schwingen lassen: *Glück*, *Entspannung*, *Frieden*, *Mitgefühl*, *Freude* oder *Liebe*.

Lass deine eigenen Worte oder die folgenden Worte in deinem Herzen landen. Lass sie nur für diesen Augenblick wahr sein.

Möge ich sicher sein.

Möge ich glücklich sein.

Möge ich mich so annehmen, wie ich bin.

Manchmal ist es so, dass sich ein Teil von uns nur schwer guten Wünschen öffnen kann. Wenn das so ist, beziehe dies mit ein.

Auch wenn es im Moment sehr schwer ist, versuche ich mich anzunehmen.

Auch wenn ich im Moment traurig bin, wünsche ich mir, glücklich zu sein.

Auch wenn ich krank bin, wünsche ich mir, gesund zu sein.

Spüre, während du deine Worte wiederholst, in deinen Körper. Vielleicht magst du dabei eine Hand auf dein Herz legen oder eine andere Stelle sanft halten. Es ist für uns oft ganz natürlich, anderen Menschen, die leiden, Mitgefühl zu zollen. Aber auch du hast Mitgefühl verdient:

Möge ich sicher sein.

Möge ich glücklich sein.

Möge ich mich so annehmen, wie ich bin.

Lade dich selbst ein, alle Gefühle oder Körperempfindungen so sein zu lassen, wie sie sind. Wenn du Schmerzen begegnest, öffne dein Herz dafür und schicke dir selbst sanft gute Wünsche.

Möge ich sicher sein.

Möge ich glücklich sein.

Möge ich mich so annehmen, wie ich bin.

Wenn die Bedeutung der Worte verschwindet, streng dich nicht an. Kehre immer wieder zu einer wohlwollenden Haltung zurück. Begegne dir selbst in liebevoller Weise, nicht damit es dir besser geht, sondern weil du dir Zuwendung gibst. Wie einem guten Freund.

Möge ich sicher sein.

Möge ich glücklich sein.

Möge ich mich so annehmen, wie ich bin.

7. Wir können diese Übung manchmal verstärken, indem wir allen Lebewesen gute Wünsche schicken.

Möget ihr alle sicher sein.

Möget ihr alle glücklich sein.

Möget ihr euch alle so annehmen, wie ihr seid.

Ausklang

Beende diese Übung langsam, indem du nachspürst, wie sich dein Körper jetzt anfühlt. Welche Gedanken und Gefühle jetzt präsent sind. In dem Wissen, dass du jederzeit zu deinen Sätzen zurückkehren kannst. Öffne dann sanft wieder deine Augen.

Belohne dich! Die Liebende-Güte-Meditation hat ganz besondere

Wirkungen. Du hast das gut gemacht. Lobe dich dafür oder gönne dir eine kleine andere Belohnung.

Wie oft? Wie lange? Diese Meditation dauert ca. 15 - 20 Minuten.

Tipps & Tricks

- **Die folgenden Stufen**: Bleibe erstmal einige Zeit bei dieser Stufe. Wenn du dir mühelos Liebe und Güte senden kannst, kannst du zur nächsten Stufe fortschreiten. Dafür änderst du einfach die Sätze entsprechend: „Möge meine Ehefrau glücklich sein" usw.
- **Du kannst auch im Alltag diese Meditation anwenden**. Dies machst du, indem du dir und deinen Mitmenschen positive Wünsche bzw. die Sätze sendest.
- **Trainingsperiode**: Wenn du bewusst deine Liebende-Güte-Meditaion trainieren möchtest, so kannst du beispielsweise eine Periode von drei Monaten einlegen. In dieser Zeit machst du nur die Metta-Meditation. D.h., wenn möglich meditierst du täglich über liebende Güte.
- **Visualisierungen**: Wenn du magst, kannst du die Meditation deinen eigenen Bedürfnissen anpassen: Du kannst mit Visualisierungen arbeiten. D.h., du stellst dir vor, wie aus deinem Herzen eine Lichtenergie kommt und beispielsweise zu deinem visualisierten Partner strömt. Du kannst dir auch vorstellen, wie besonders liebevolle Menschen, wie Mutter Teresa, Buddha oder deine Mutter vor dir stehen und dir ihre liebende Güte geben.

Ressourcen

Gesprochene Anleitung: Ich empfehle dir eine gesprochene Anleitung für diese Meditation. Die Anleitung, die ich hier in diesem Buch benutze, kannst du dir unter folgendem Link als geführte Meditation anhören oder runterladen: https://bit.ly/2IB6kbV. Eine andere ebenfalls eher klassische Anleitung findest du unter folgendem Link: https://bit.ly/2DPgQtv. Eine modernere Variante, die mir persönlich auch gefällt, findest du hier: https://bit.ly/2pzYyY7. Probiere aus, welche für dich am besten passt.

Einer meiner Lieblingsmeditationslehrer ist Ajahn Brahm. Von ihm empfehle ich das Buch „Öffne die Tür zu deinem Herzen: Die kleine Schule der liebevollen Achtsamkeit". Wie alle seine Bücher es ist liebevoll, menschlich und humorvoll geschrieben. Seine Bücher und

Geschichten berühren mich stets. In diesem Buch lernst du alles, was du über liebende Güte wissen solltest.

Kurze Zusammenfassung

- Die Liebende-Güte- oder Metta-Meditation ist eine zentrale Praxis im Buddhismus.
- Hierbei kultivieren oder trainieren wir, gütig und liebevoll mit uns selbst umzugehen. Wenn wir das beherrschen, so können wir sie auf diese Weise auf Freunde und sogar Feinde erweitern.
- Diese Meditation hat sehr viele positive Effekte für uns. Deswegen lohnt sich ein Versuch.

Tag 10 Analytische Meditation

„Unsere Zeit, die geht vorbei. Das wird sowieso passieren und bis dahin sind wir frei und es gibt nichts zu verlieren." – Julia Engelmann

Worauf du dich in diesem Kapitel freuen kannst ...

- Welche Varianten gibt es?
- Die vielen Vorteile der analytischen Meditation
- Die genaue Anleitung

Dauer:	15-20 Minuten
Meditationsobjekt:	Der Gegenstand der Analyse
Entspannung	★★★☆☆
Energie	★★☆☆☆
Einfachheit	★☆☆☆☆

Was es ist

Die analytische Meditation unterscheidet sich von den anderen grundlegend: In den meisten formalen Meditationen versuchen wir, unsere Denktätigkeit zu verringern, denn viele unserer Gedanken sind negativ, es entstehen schlechte Gefühle und sie rauben uns unsere Energie. Bei einer analytischen Meditation nutzen wir unseren

Verstand. Wir versuchen nicht ihn zu verlangsamen oder gar zu bekämpfen, nein, wir nutzen ihn als Werkzeug, um über Sinnfragen nachzudenken.

Der große indische Weisheitslehrer Ramesh Balsekar hat eine sehr hilfreiche Unterscheidung entwickelt.

Er unterscheidet zwischen Werkzeug- und Drama-Verstand:

- Der **Werkzeug-Verstand** ist rational und hilfreich: Wenn wir zum Beispiel ein Seminar planen, so nutzen wir den Werkzeug-Verstand. Wir legen das Datum fest, wir kümmern uns um die Inhalte und das Marketing. Hier ist der Verstand einfach nur hilfreich und ein großartiges Werkzeug. Wir benutzen den Werkzeug-Verstand als wertvolle Hilfe, um unsere Ziele zu erreichen.
- Der **Drama-Verstand** sind sorgende, ängstliche oder jammernde Gedanken: „Oh Gott, das Seminar wird sicher ein Reinfall! Ich werde bestimmt total nervös sein und einen Blackout haben. Es wird eine Katastrophe!" Der Drama-Verstand macht uns unser Leben unnötig schwer. Er besteht aus irrationalen Gedanken, die uns leiden lassen. Es sind die Geschichten, die wir uns selber erzählen, die uns quälen.

„Je weiser wir sind, desto weniger befinden wir uns im Drama-Verstand."

In der analytischen Meditation nutzen wir den Verstand als Werkzeug. Wir untersuchen eine bestimmte Fragestellung. Wir versuchen, uns nicht in den Drama-Verstand zu begeben. Wenn wir das merken, kehren wir zum Werkzeug-Verstand zurück.

Deswegen unterscheiden die Buddhisten zwischen konzentrativer und analytischer Meditation:

- Bei der **konzentrativen Meditation** geht es darum, dass wir unseren Geist auf ein bestimmtes Meditationsobjekt richten, wie zum Beispiel den Atem oder ein Mantra. Es geht darum unseren Geist zu lehren, den Fluss unserer Gedanken zu verdünnen.
- Bei der **analytischen Meditation** dagegen, nutzen wir unseren Verstand und unsere Weisheit, um bestimmte Phänomene zu untersuchen. Dadurch entsteht eine andere Einstellung zum Untersuchungsobjekt. Wenn wir zum Beispiel nachdenken über die Vergänglichkeit unseres Lebens, so ändert sich unsere Einstellung dazu: Wir werden unsere Zeit auf diesem Planeten besser und intensiver nutzen.

Es gibt zahlreiche Formen der analytischen Meditation, je nachdem über welchen Gegenstand wir nachdenken. Die häufigsten analytischen Meditationen sind:

- **Die Meditation über die Leerheit der Phänomene**: Dies ist die Königsklasse der analytischen Meditation. Sie stammt aus der buddhistischen Tradition. Hier geht es darum, dass Phänomene, wie Autos oder auch Menschen keine inhärente Existenz haben. Bei uns Menschen bedeutet das, dass wir kein getrenntes *Ich* besitzen. Das hört sich erst einmal kompliziert und abwegig an. Es ist auch kompliziert, aber nicht abwegig. Es ist allerdings kein Thema für Meditationsanfänger. Dafür ist es zu kompliziert und zu philosophisch. Möchtest du mehr wissen? Dann schau dir gerne diesen Artikel an: https://www.freiheit-des-jetzt.de/dalai-lama-die-leerheit-verstehen/
- **Die Meditation der Vergänglichkeit der Phänomene**: Auch

dieses Thema hört sich kompliziert an, ist es aber nicht. Bei dieser analytischen Meditation geht es darum, dass wir uns immer mehr bewusst werden, wie vergänglich alles ist. Und wir natürlich auch. Wir werden sterben und unsere Zeit ist kurz. Deswegen sollten wir unsere Tage nicht damit verschwenden, uns Sorgen zu machen oder uns in anderen negativen Gefühlen zu verlieren. Nein, wir sollten den Tag genießen. Diese analytische Meditation ist einfach und sehr kraftvoll.

- **Die Meditation der Geduld und Toleranz**: Bei dieser analytischen Meditation geht es darum, dass wir erkennen, dass es besser ist Geduld und Toleranz zu kultivieren, anstatt Ungeduld und Engstirnigkeit. Geduld und Toleranz machen uns glücklicher und andere Menschen auch. In der analytischen Meditation werden wir diese Erkenntnis sehr tiefgehend begreifen, so dass wir motiviert sind, diese positiven Eigenschaften immer mehr in unserem Leben umzusetzen.
- **Die Meditation der Liebe und des Mitgefühls**: Die Liebe selbst war schon immer ein wichtiges Thema und Gegenstand philosophischer und poetischer Diskurse. Was ist Liebe? Wofür ist sie gut? Warum sollten wir sie kultivieren? Diese analytische Meditation führt zu sehr interessanten Erkenntnissen: Es geht hier allerdings nicht um die leidenschaftliche Liebe zweier Menschen, sondern um die universelle Liebe. Mitgefühl sollte man nicht mit Mitleid verwechseln. Mitgefühl ist für uns Menschen als soziale Wesen sehr wichtig. Es führt dazu, dass wir die „Fehler" unserer Mitmenschen gütig betrachten. Wir erkennen, dass wir selbst weit davon entfernt sind, fehlerfrei zu sein.

In vielen Wegen und Religionen werden analytische Meditationen verwendet. Im Christentum beispielsweise werden sie Kontemplation genannt. Im Hinduismus werden zahlreiche Yogastile unterschieden. Einer der bekanntesten ist das Yoga des Wissens (Jnana Yoga). Hier sind analytische Meditationen zentraler Anteil der Praxis. Berühmt geworden ist der erleuchtete Meister Sri Ramana Maharishi mit seiner Frage „Wer bin ich?"

Sri Ramana Maharishi (* 30. Dezember 1879 in Tiruchuli im südindischen Tamil Nadu; † 14. April 1950 in Tiruvannamalai, Indien) war einer der berühmtesten indischen Meister der Neuzeit. Bereits mit 16 Jahren hatte er ein prägendes Erlebnis: Er fiel in eine Art Todesstarre, konnte aber seinen Körper und Geist klar beobachten. Dadurch gewann er die Erkenntnis, dass er nicht sein Körper ist. Kurz darauf verließ er seine Familie und zog zum Berg Arunachala. Dort verbrachte er den Rest seines Lebens. In den ersten Jahren lebte er in einem Tempel und war tief in einem glückseligen Bewusstseinszustand versunken (Sahmadi). Seine Versenkung war so absolut, dass er nicht merkte, dass sich an seinen Unterschenkeln Geschwüre und Eiter bildeten. Ihm wurde geholfen und er zog in eine Höhle um. Insgesamt sprach er 15 Jahre nicht. Sein Ashram (Meditations-Zentrum) zog viele Menschen an, die an seiner Weisheit teilhaben wollten. Ramanas zentrale Technik war die Frage „Wer bin ich?“ Ramana Maharishi hat nicht nur in Indien, sondern auch auf den gesamten Westen einen großen Einfluss gehabt: Viele spirituelle Lehrer (auch in Deutschland) berufen sich auf Ramana.

Es gibt im Westen noch weitere Methoden, die sich analytischer

Verfahren bedienen. Die bekannteste ist die **kognitive Verhaltenstherapie**: Dabei werden unsere negativen Gedanken untersucht, ob sie wahr und zielführend sind. Dazu ein Beispiel:

Fred hatte ein Bewerbungsgespräch und die Stelle wurde einem Konkurrenten zugesprochen. Fred dachte: „Ich bin ein Versager!" Ist dieser Gedanke wahr? Nein! Möglicherweise hat Fred im Bewerbungsgespräch suboptimal reagiert. Deswegen ist er noch lange kein Versager. Seine Handlung war unter Umständen verbesserungsfähig. Es kann aber auch sein, dass Fred überhaupt gar keinen Fehler begangen hatte, sondern der Mitbewerber einfach bessere Qualifikationen hatte. Dieser Gedanke „Ich bin ein Versager" ist auch nicht zielführend. Er lässt Fred einfach nur leiden. Er ist im Drama-Verstand. Freds Selbstbewusstsein sinkt und es demotiviert ihn. Der Gedanke ist also weder wahr noch zielführend.

Solche Analysen können befreiend wirken. Die kognitive Verhaltenstherapie ist einer der effektivsten Psychotherapien.

Was du davon haben wirst

In diesem Buch stelle ich dir die analytische Meditation über die Vergänglichkeit vor. Sie ist sehr kraftvoll und inspirierend, gleichzeitig aber einfach anzuwenden. Wir werden erkennen, dass alles vergänglich ist: Unser Leben, unsere Beziehungen, unser Geld, unser Haus, unser Auto, unser Leid und unsere Freude. Alles kommt und vergeht wieder. Deswegen müssen wir nicht so stark anhaften, da es ohnehin vergeht. Wir haben eine schöne Beziehung, wir lieben unseren Partner und haften sehr an ihm an. Jede Anhaftung führt früher oder später zu Leid. Wenn wir aber die Realität sehen, dass wir jetzt eine schöne Beziehung haben, diese aber jederzeit vergehen kann, so haften wir weniger an und genießen sie im Jetzt.

Das Gleiche gilt für unser Leben: Es ist kurz und es kann jederzeit vorbei sein. Morgen kannst du einen Autounfall haben oder bei dir wird eine tödliche Krankheit diagnostiziert. Wir wissen nicht, wie lange wir noch zu leben haben. Deswegen gehen wir oft verschwenderisch mit unserer Zeit um, anstatt sie wertzuschätzen.

„Das Bewusstsein der Vergänglichkeit macht uns klar, dass wir jeden Moment nutzen müssen." – Dalai Lama

---

Darum geht es in dieser analytischen Meditation. Wir werden uns unserer Vergänglichkeit bewusst. Dies motiviert uns, unser Leben positiv zu leben und nicht zu sehr negativen Emotionen nachzuhängen.

Analytische Meditation hat folgende Vorteile:

- **Eine weisere Einstellung zu Leben und Tod**: Jeder weiß, dass das Leben kurz ist, aber diese Erkenntnis ist nicht integriert. D. h., wir wissen es zwar, aber wir leben nicht danach. Durch die analytische Meditation wird diese Erkenntnis präsenter in deinem Leben.
- **Fokus**: Bei der analytischen Meditation lernst du, dich auf eine Fragestellung zu konzentrieren.
- **Einsichten**: Die analytische Meditation gewährt uns wertvolle Einsichten in die Natur des Lebens und des Todes.
- **Entspannung**: Auch analytische Meditationen wirken entspannend. Dadurch, dass wir unsere Aufmerksamkeit nicht auf unsere Drama-Gedanken, sondern auf unsere Anaylse richten, verwickeln wir uns nicht in unsere Geschichten. Die Folge ist, dass sich unser Strom der Gedanken mehr ausdünnt – wir entspannen uns. Ferner rücken wir die Bedeutung von Ereignissen ins rechte Licht: Was uns früher aufgeregt hat, dem begegnen wir nun mit Gelassenheit.
- **Verbessertes Mindset**: Unser Mindset ist unsere Einstellung zu den Dingen, unsere Sichtweise. Wenn wir uns bewusst werden, dass das Leben kurz ist, werden wir gelassener mit den Stürmen des Lebens umgehen, denn wir wissen ebenfalls, dass Leid auch vergänglich ist. Wir gehen aber nicht nur mit den Stürmen des Lebens besser um, sondern auch im Alltag sind wir entspannter, da wir wissen, dass viele Dinge einfach unwichtig sind im Angesicht unseres Todes.
- **Mehr Resilienz**: Oft sind es nicht die Ereignisse, die uns stressen, sondern wie wir damit umgehen. Durch die Erkenntnis, dass wir sterblich sind und das Leben kurz, sehen wir unsere Herausforderungen in einem anderen Licht: Wir kommen zu spät? Kein Problem. Der Handwerker stellt eine höhere Rechnung als erwartet? Ja und? Das Leben ist kurz und wir genießen es. Im Idealfall perlt Stress an uns ab.

Lise war inmitten einer Challenge: Sie praktizierte die analytische Meditation seit 2 Wochen. „Ich lasse mich nicht mehr durch

Kleinigkeiten aufregen," berichtete sie: „Ich genieße mehr mein Leben und vor allem die Kleinigkeiten. Früher konnte ich einem Spaziergang im nahegelegenen Wald nichts abgewinnen. Nun sehe ich, wie schön die Natur ist." Bei Lise war die analytische Meditation ein voller Erfolg. Die Sicht auf ihr Leben änderte sich und Lise brachte mehr Gelassenheit und Freude in ihr Leben.

Aktionsplan

Auch bei der analytischen Meditation ist eine Vorbereitung sinnvoll.

Vorbereitung

1. Vergegenwärtige dir M.A.U.S

M = Meditationsdauer

A = Absichtslosigkeit

U = Umgang mit schwierigen Gedanken & Gefühlen

S = Spielerische Herangehensweise

2. Setze dich auf einen Stuhl oder in einen Sessel. Du kannst dich gerne anlehnen, nur hinlegen solltest du dich nicht, weil wir dann automatisch träge werden.

3. Für die analytische Meditation ist es hilfreich, wenn wir einen ruhigen Geist haben, denn sonst wird unser Verstand leicht abschweifen. Deswegen atme ein paar Mal tief in den Bauch ein und aus, etwa 3-10 Atemzüge, bist du merkst, dass du innerlich ruhig bist.

Los geht's

1. Schritt: Die Blume: Im ersten Schritt empfehle ich dir, über eine schöne Blume zu komplementieren. Am besten stellst du eine Vase mit einer schönen Blume vor dich auf den Boden.

Stelle dir den Lebenszyklus dieser schönen Blume vor: Zuerst war sie ein Samen in der Erde. Dieser keimt und schlägt Wurzeln und durchdringt schließlich die Erdoberfläche. Ganz langsam wächst diese kleine Pflanze der Sonne entgegen. Die Pflanze wird immer größer und kräftiger und bald entstehen die ersten zarten Blätter und Knospen. Aus diesen Knospen entstehen dann schöne farbenfrohe Blüten. Die Pflanze ist auf dem Höhepunkt ihrer Schönheit und Ausstrahlung.

Der Zahn der Zeit nagt aber auch an dieser schönen Blume: Die Blätter und Blüten welken und fallen ab. Letztendlich bleibt ein blattloser Stängel übrig, bis auch dieser verfault und sich wieder mit der Erde vereint.

2. Schritt: Ein Menschenleben: Mache dir bewusst, wie ein Menschenleben verläuft. Ein Baby wird geboren, zart und hilflos. Es wächst zu einem Kind heran, zu einem Jugendlichen und einem jungen Erwachsenen. Ähnlich wie die Blume ist der Mensch nun auf seinem Höhepunkt: Er ist voller Kraft, Lebendigkeit und Ausstrahlung. Dann wird der Mensch älter und älter. Seine Vitalität nimmt ab, die ersten Gebrechen stellen sich ein. Die Haare werden erst grau dann weiß, die Falten nehmen zu. Dann irgendwann teilt ein Arzt uns mit, dass wir ernsthaft krank sind und bald sterben werden. Später befinden wir uns dann im Krankenhaus oder Hospiz. Unsere Liebsten um uns, atmen wir ein letztes Mal und sterben. Das Leben ist ein langsames Sterben. Jeder Atemzug, den wir tun, bringt uns unserem Tode näher.

Unsere Zeit auf dieser Erde ist kurz. Je älter wir werden, desto schneller vergeht die Zeit. Lohnt es sich da, sich Sorgen zu machen, mit anderen zu streiten? Was ist deiner Meinung nach die beste Möglichkeit, deine Zeit zu verbringen? Was sind die wahren Werte, die dich glücklich machen? Wie solltest du dein Leben verbringen?

Ausklang

Spüre in dich hinein: bleibe noch ein Weilchen auf deinem Stuhl sitzen. Spüre in dich hinein, wie es dir geht.

Belohne dich! Die analytische Meditation ist nicht leicht: Das hast du sehr gut gemacht!

Wie oft? Wie lange? Du kannst diese analytische Meditation als **Challenge** machen: D.h. du nimmst dir vor, dich einen Monat lang intensiv mit dieser Meditation auseinanderzusetzen. D.h., du würdest dann, am besten täglich, diese analytische Meditation durchführen. Das kannst du auch zwischendurch, wenn du etwas Muße hast darüber zu sinnieren. Eine andere Möglichkeit ist, dass du regelmäßig diese analytische Meditation durchführst, beispielsweise **ein oder zweimal pro Woche** als Ergänzung zu deinem üblichen Meditationsprogramm.

Tipps & Tricks:

- In dieser analytischen Meditation beschäftigst du dich mit deinem Leben und deinem Tod. Das kann intensiv und herausfordernd sein. Das Ziel dieser Meditation ist, dass du dein Leben mehr wertschätzt. Stellst du allerdings fest, dass diese Meditation dich eher herunter zieht, so lege eine Pause ein oder praktiziere einfach eine andere Meditation. Vielleicht kannst du später, in einem späteren Lebensabschnitt, auf diese Meditation zurückkommen.

- **Variante**: Du kannst auch eine andere Variante ausprobieren. Stelle dir dabei vor, wie du auf deinem Sterbebett liegst. Du denkst über dein Leben nach, hast du ein gutes Leben gehabt? Hast du dein Leben genossen und war es sinnerfüllt? Was würde dein Zukunfts-Ich auf dem Sterbebett zu deinem Gegenwarts-Ich sagen? Welchen Rat würdest du dir selber geben?
- **Fotos der letzen Momente**: Ich fand folgenden Artikel sehr berührend, in dem Fotos gezeigt wurden der letzten Momente eines Lebens. Wenn du magst schau dir diesen Artikel gerne an: https://www.watson.de/leben/best%20of%20watson/656841378-tod-19-beruehrende-fotos-die-kurz-vor-dem-sterben-entstanden
- **Sterbende bereuen 5 Dinge**: Inspirierend fand ich eine Untersuchung darüber, was Menschen auf dem Sterbebett bereuen. Keiner hat gesagt: „Ich hätte mehr arbeiten sollen!" Oder: „Ich hätte mich noch mehr mit meinem Arbeitskollegen streiten sollen." Nein, es ging um Güte, Familie und Versöhnung. Schau dir gerne den folgenden Link dazu an: http://www.einfachbewusst.de/2017/08/was-sterbende-am-meisten-bereuen/
- Diese analytische Meditation kannst du einmal als **formale Meditation** durchführen: Du setzt dich also auf einen Stuhl, nimmst dir 10-15 Minuten Zeit und vertiefst dich in deine Analyse. Du kannst aber auch in Pausen deines Alltags, zum Beispiel wenn du gerade Auto fährst, darüber nachdenken. Hier solltest du allerdings darauf achten, dass du nicht ins Grübeln gerätst oder zu oft abschweifst.
- Wenn dir dieses Thema der Vergänglichkeit zu schwer ist, kannst du auch gerne über andere wichtige Sachen meditieren, wie zum Beispiel Geduld und Toleranz oder Liebe und Güte.

Ich liebe die Bücher von Ajahn Brahm. Seine Geschichten berühren mein Herz und bringen mich zum Lachen.

Ajahn Brahm

Quelle: https://www.deviantart.com/kungtiger/

Ein Buch von Ajahn Brahm, was in Richtung analytische Meditation geht, ist das Folgende: „Jeder Lotos hat ein schönes Herz: Eine praktische Anleitung zur Meditation".

Du kannst diese analytische Meditation auch als geführte Variante praktizieren. Das folgende Video ist sehr schön gemacht: https://www.youtube.com/watch?v=GOUKe_vi5gI. Am Anfang kann eine geführte Meditation hilfreich sein, allerdings solltest du nach einiger Zeit, wenn du Sicherheit gewonnen hast, die Meditation ganz selbstständig machen.

Kurze Zusammenfassung

- Die analytische Meditation unterscheidet sich von den bisher vorgestellten. Bislang ging es vor allem darum, weniger Gedanken zu haben. Bei der analytischen Meditation dagegen wird unser Verstand als Werkzeug genutzt, um Sinn-Fragen des Lebens zu beantworten
- Es gibt einige Fragen, die wir untersuchen können: Die Leerheit der Phänomene, das Wesen der Geduld, der Toleranz und ähnliche.
- In diesem Buch analysieren wir „die Vergänglichkeit". Das ist eine häufig benutzte Meditationspraxis im Buddhismus. Sie ist sehr wirkungsvoll und wird unsere Sichtweise auf das Leben ändern.
- Wir werden anfangen, viele Kleinigkeiten, die uns zuvor aufgeregt haben, gelassen zu sehen. Im Angesicht der Kürze unseres Lebens werden wir die Zeit, die uns bleibt, mehr genießen.

TEIL 3: MEDITATION FÜR'S LEBEN

„Durchhalten kann ich. Ich muss nur zwischendurch mal was kaputt schlagen" – Anonymos

In diesem Teil lernst du die geniale *Get-IT-Done-Methode*, die es dir ermöglicht, nahezu mühelos eine lebenslange Meditationspraxis zu entwickeln.

Die geniale Get-it-Done-Methode: 4 einfache Schritte zu einer lebenslangen Mediationspraxis

"Auch eine Reise von tausend Meilen beginnt mit dem ersten Schritt." – Laotse

Worauf du dich in diesem Kapitel freuen kannst ...

- Warum die Get-It-Done-Methode so gut funktioniert
- Die Durststrecke ist der Schlüssel
- 3 Taktiken, um die Durststrecke zu überwinden
- Die 4 Schritte, um eine Meditationspraxis aufzubauen

Dieses Buch ist für Anfänger gedacht. Aber auch Fortgeschrittene werden einiges finden, was für sie neu ist. Meditation ist eine großartige Sache.

Und ich würde mich sehr freuen, wenn du Meditationen in dein Leben integrierst. Du wirst schnell merken, dass dein Leben besser und friedvoller wird. Am liebsten wäre es mir, wenn du täglich meditierst. Ich weiß, vermutlich stöhnst du gerade innerlich, wenn du diese Zeilen liest. Ich kann das verstehen, bei mir war es genauso, aber jetzt nach mehr als 20 Jahren täglicher Meditation, bin ich voller Dankbarkeit. Meditation hat mir sehr in meinem Leben geholfen. Und wenn ich gestresst nach Hause komme, so meditiere ich und es ist, als ob ein Reset-Knopf gedrückt wird. Ich fühle mich wieder wohl und frei.

Obwohl Meditation so zahlreiche Vorteile hat, fällt es den allermeisten schwer, eine kontinuierliche Meditationspraxis aufzubauen. Es gibt einige Gründe dafür, aber ein sehr wichtiger ist, dass sich Meditations-Lehrer und Meditations-Bücher kaum darum kümmern. Dieses Buch ist anders: Ich stelle dir ein komplettes und sorgfältig zusammengestelltes Programm vor, mit dem du mühelos eine kontinuierliche Meditationspraxis entwickelst. Dieses Programm beruht auf den neuesten wissenschaftlichen Erkenntnissen. Um einen Weg zu finden, wie du kontinuierlich meditieren kannst, müssen wir uns erst anschauen, welches die Hindernisse und Katalysatoren sind. Anders gesagt, wir müssen uns etwas die Theorie anschauen.

Hacks für eine langfristige Meditationspraxis

Ich stelle dir den Königsweg für Änderungen in deinem Leben vor: **Gewohnheiten**. Dies sind Handlungen, die automatisch ablaufen: Du musst nicht nachdenken, ob du dir die Zähne putzt. Im Gegenteil, du fühlst dich unwohl, wenn du dir nicht die Zähne putzt. Wenn du positive Handlungen wie *Meditation* in dein Leben bringen möchtest, so ist "Gewohnheitsbildung“ der beste Weg. Hört sich einfach an, ist es leider nicht: Gewohnheiten zu etablieren, ist ein mühseliger Weg, aber zum Glück gibt es einige geschickte Mittel, die dir diesen Weg deutlich erleichtern. Warum das so ist und wie dies abläuft, erfährst du nun.

Stelle dir vor, du möchtest Meditation in dein Leben integrieren. Vielleicht bist du gestresst oder hast von den vielen Vorteilen von Meditation gehört. Du sagst dir: „Ab morgen meditiere ich täglich!“. Du bist hoch motiviert. Motivation beruht auf Gefühlen: Du hast ein gutes Gefühl beim Thema Meditieren, vielleicht freust du dich sogar darauf. Ebenso hast du dir die Vorteile klargemacht und fühlst dich danach zu meditieren. Dies umzusetzen ist nicht schwer. Wenn du motiviert bist, brauchst du wenig Willenskraft.

Das Problem mit der Motivation ist, dass sie von unseren Gefühlen abhängig ist und Gefühle sind mal "Himmelhoch jauchzend und dann wieder zu Tode betrübt". Sie sind nicht zuverlässig. Vielen geht es so: Sie sind hoch motiviert, meditieren ein paar Tage täglich und dann geht es mit der Motivation und der Häufigkeit des Meditierens bergab. Das muss nicht so sein. Es gibt einen anderen Motor, und zwar Willenskraft.

Willenskraft bedeutet, dass du etwas tust, unabhängig wie du dich gerade fühlst: Du würdest viel lieber auf dem Sofa sitzen und deine Lieblingsserie schauen, anstatt zu meditieren, aber du reißt dich am Riemen und meditierst dennoch. Willenskraft hat zwei besondere Merkmale:

- **Willensstärke nimmt ab**: Willenskraft ist nicht unendlich verfügbar. Sie hängt unter anderem davon ab, wie anstrengend etwas ist oder wie viel Energie du gerade zur Verfügung hast. Übrigens schwierige Entscheidungen schwächen deine Willenskraft. D.h., wenn du lange mit dir ringst, ob du meditierst oder nicht, so nimmt deine Willenskraft ab und somit auch die Wahrscheinlichkeit, dass du dann tatsächlich meditierst.
- **Willenskraft ist trainierbar**: Willensstärke ist wie ein Muskel, du kannst ihn trainieren. Das ist eine gute Nachricht, denn das bedeutet, du kannst deine Willenskraft ausbauen.

Du kannst deine Motivation durch Willenskraft ersetzen. Das kann allerdings sehr anstrengend sein. Zum Glück gibt es aber noch einen weiteren Mechanismus, der uns helfen kann: *Gewohnheiten*! Gewohnheiten werden durch Wiederholungen aufgebaut. Früher dachte man, man muss eine Handlung 21 Tage lang wiederholen, dann ist es eine Gewohnheit. Leider stimmt das nicht. Neuere Studien haben ergeben, dass sich eine Gewohnheit nach ca. 18 bis 254 Tagen herausbildet. Das hängt davon ab, wie aufwendig diese neue Gewohnheit ist. Eine Kleinigkeit, wie zum Beispiel morgens eine Nasenspülung zu machen, wird als Gewohnheit schnell gebildet sein. Wahrscheinlich innerhalb eines Monats. Nimmst du dir aber stattdessen vor, 45 Minuten täglich zu meditieren, so wird es wesentlich länger dauern, bis dies zu einer Gewohnheit geworden ist.

Je aufwendiger eine Handlung ist, desto länger braucht sie, um zu einer Gewohnheit zu werden.

Das Tolle an Gewohnheiten ist, dass sie automatisch ablaufen. D.h., wenn das tägliche Meditieren erst einmal zu einer Gewohnheit geworden ist, so musst du dafür keinerlei Anstrengung mehr aufbringen. Ganz im Gegenteil, du wirst dich seltsam fühlen, wenn du nicht meditierst. Dieser Mechanismus von Gewohnheiten ist großartig. Wir sollten ihn nutzen. Gerade wenn wir etwas langfristig praktizieren möchten, wie Meditation, dann ist der Königsweg Gewohnheiten.

Was eine Durststrecke und warum sie der Schlüssel ist

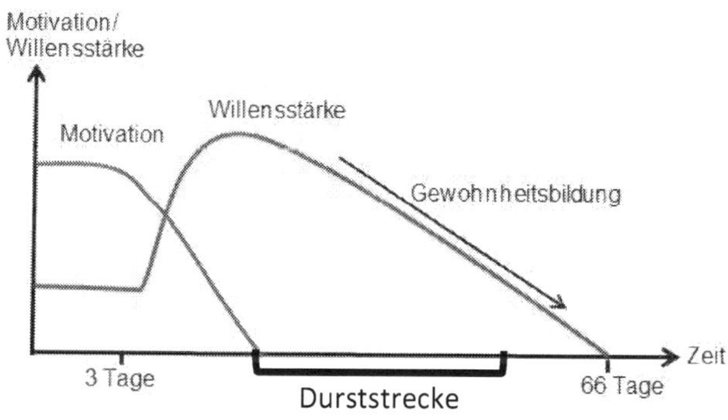

Die Abbildung zeigt wie Motivation, Willensstärke und Gewohnheit zusammenspielen. Am Anfang ist die Motivation (blaue Linie) hoch. Nach ca. drei Tagen sinkt die Motivation ab, bis sie ganz verschwindet. Die Willensstärke (rote Linie) ist anfangs niedrig. Du musst nicht viel Willensstärke aufbringen, um zu meditieren, wenn die Motivation hoch ist. Nach etwa drei Tagen muss die Willensstärke zunehmen, um die abnehmende Motivation auszugleichen. Du musst also mehr

Willenskraft aufbringen, um täglich zu meditieren. Das Maximum an Willensstärke ist erreicht, wenn die Motivation nicht mehr vorhanden ist.

Durch die Wiederholung und den Gewöhnungseffekt nimmt die erforderliche Willensstärke, um täglich zu meditieren, kontinuierlich ab. Du musst immer weniger Willensstärke aufbringen, um zu meditieren. Bis nach 66 Tagen (der Durchschnittswert für die Bildung von Gewohnheiten) die Gewohnheit etabliert ist. Dann hast du es geschafft: Dann brauchst du keine Willensstärke mehr, um zu meditieren. Meditation ist ab nun mühelos.

Die kritische Phase, die **Durststrecke**, bei der die meisten Ihre Meditationspraxis aufgeben, ist die Zeit nach der die Motivation deutlich nachgelassen hat und bevor die Meditation eine Gewohnheit geworden ist.

Der Schlüssel zu einer lebenslangen Meditationspraxis ist, die Durststrecke zu überwinden.

Der Knackpunkt ist also die Durststrecke. Je kürzer wir sie gestalten können, desto einfacher wird es für dich, eine langfristige Meditationspraxis aufzubauen. Die Strecke muss also verkürzt werden. Wie machen wir das? Dazu gibt es drei Taktiken:

1. Wir verkürzen die Zeit, bis sich eine Gewohnheit gebildet hat. Im aller Besten Fall kann sich eine Gewohnheit schon nach 18 Tagen gebildet haben. In diesem Fall wäre die Durststrecke nur ein paar Tage lang und wir könnten sie spielend überwinden. Wie erreichen wir, dass sich eine Gewohnheit zügig bildet? Erinnern wir uns:

„Je aufwendiger eine Handlung ist, desto länger benötigt sie, um eine Gewohnheit zu werden."

Unser Ziel ist also hier, die Meditation möglichst wenig aufwendig zu gestalten. Anders gesagt, sie sollte möglichst mühelos sein. Dies erreichen wir durch die großartige Technik der **Mini-Gewohnheiten**. Dazu später mehr.

2. Wir verlängern die Motivationsphase: Dies können wir durch mehrere, geschickte Techniken erreichen: Wir können uns zum Beispiel die Vorteile von Meditation klarmachen und bei einem Motivationsabfall uns diese Vorteile wiederum vergegenwärtigen. Es gibt aber noch andere interessante Möglichkeiten.

3. Wir stärken unsere Willenskraft: Die einfachste und beste Möglichkeit dies zu tun, ist eine Challenge. D.h., wir verpflichten uns zum Beispiel für 30 Tage täglich zu meditieren. Eine weitere tolle Technik ist die 5-Sekunden-Regel.

Schauen wir uns diese drei Taktiken im genauen Detail an:

Taktik #1: Mini-Gewohnheiten und Meditation

Das Ziel ist es, täglich 15 – 20 Minuten zu meditieren. Der Königsweg zu diesem Ziel ist es, eine Gewohnheit daraus zu machen. Damit die Durststrecke möglichst kurz ist, sollte unsere Gewohnheit/Handlung möglichst wenig aufwendig sein. Wenn wir täglich beispielsweise 15-20 Minuten meditieren, so ist das schon ziemlich aufwendig und es wird eine Weile dauern, bis sich daraus eine Gewohnheit gebildet hat. Wir werden eher Richtung 256 Tage gehen als 18 Tage. Wie erreichen wir es also, dass die Gewohnheitsbildung möglichst früh einsetzt? Dazu gibt es einen genialen Trick: **Mini-Gewohnheiten.**

Eine Mini-Gewohnheit ist nur ein winzig kleiner Teil der gesamten Handlung/Gewohnheit. Ist beispielsweise die Handlung 15-20 Minuten zu meditieren, so ist die Mini Gewohnheit, nur 1 Minute zu meditieren.

Mini-Gewohnheiten unter der Lupe

Schauen wir uns Minigewohnheiten näher an. Dazu ein Beispiel:

Ben möchte täglich 30 Minuten joggen. Er strebt an, dies als Gewohnheit zu etablieren. Schauen wir uns an, wie Mini-Gewohnheiten in diesem Fall funktionieren. Eine Mini-Gewohnheit ist ein sehr kleiner Teil der gesamten Aktivität. Zum Beispiel wäre eine Mini-Gewohnheit, nur eine Minute zu joggen. Die Idee dahinter ist, dass häufig der Anfang das Schwierigste ist. Ben ist wie viele Menschen: Er liegt lieber auf dem Sofa und schaut seine Lieblingsserie, als joggen zu gehen. Wenn er sich vorstellt, 30 Minuten zu joggen, dann braucht er viel Willensstärke, um dies zu machen. Wenn er aber nur eine Minute joggen möchte, so ist das überhaupt gar kein Problem. Wenn er dann erst einmal draußen ist, seine Sportsachen angezogen hat und seine Joggingschuhe, so ist die Wahrscheinlichkeit hoch, dass er mehr als nur eine Minute joggen wird. Das ist das Prinzip hinter den Mini-Gewohnheiten.

Ein anderes Beispiel: Ich würde gerne die Gewohnheit aufbauen, täglich zwei Stunden zu schreiben. Eine *Mini-Gewohnheit* ist dann, dass ich nur 3 Minuten schreibe. Oder ich nehme mir als *Mini-Gewohnheit* vor, nur einen einzigen Satz zu schreiben.

Mini-Gewohnheiten sind von Stephen Guise entwickelt worden. Angenommen wir nehmen uns vor, täglich 30 Minuten zu joggen. Für bequeme Leute wie mich ist das schon ein dicker Brocken. Mich aufzuraffen ist nicht immer leicht.

Mini-Gewohnheiten bedeuten, dass ich mir nur vornehme, den ersten kleinen Schritt zu machen.

Das bedeutet, ich nehme mir vor, täglich nur eine Minute zu joggen. Das ist nun wahrlich zu schaffen. Das ist das Konzept der Mini-Gewohnheiten.

Warum funktionieren Mini-Gewohnheiten?

Als ich das erste Mal vom Konzept der *Mini-Gewohnheiten* gehört habe, war ich skeptisch. Mir leuchtete nicht ein, was daran besonders war. Tatsache ist aber, *Mini-Gewohnheiten* funktionieren. Dies sind die wichtigsten Gründe:

- **Keine Willensstärke notwendig**: „Aller Anfang ist schwer". Da ist was Wahres dran. Wenn ich mir große Sachen vornehme, fällt es mir schwer anzufangen. Wenn ich mir vornehme, täglich zwei Stunden zu schreiben, ist das viel. Ich habe keine Lust zu starten. Nehme ich mir vor, nur 3 Minuten zu schreiben, so ist das kein Problem. Auf Meditation bezogen: Wenn ich mir vornehme, nur 1 Minute zu meditieren, so ist das kein Problem.
- **Wahrscheinlichkeit groß, fortzufahren**: Habe ich erst einmal angefangen, ist die Wahrscheinlichkeit groß, dass ich dranbleibe.

Puzzle-Studie: *In einer Studie von Greist-Bousquet und Schiffman* *wurden den Teilnehmern Puzzles gegeben. Die Wissenschaftler gaben den Teilnehmern allerdings nicht genügend Zeit, die Puzzles vollständig zu lösen. Was meinen sie, was geschah, als die Wissenschaftler verkündeten, dass die Zeit um sei? Hörten die Teilnehmer auf oder fuhren sie fort, bis sie die Puzzles gelöst hatten, obwohl sie es nicht mussten? Das Ergebnis war verblüffend: 90 % der Teilnehmer blieben da und lösten die Puzzles gänzlich.*[1] *Wir Menschen haben also den Drang, Dinge zu Ende zu bringen. Das spielt uns bei Mini-Gewohnheitenen in die Hände.*

Stell dir vor, deine Mini-Gewohnheit ist es, 1 Minute zu meditieren. Setz dich auf deinen Stuhl, nimm ein paar tiefe Atemzüge und fang an, zu meditieren. Mit hoher Wahrscheinlichkeit wirst du nicht nach 1 Minute abbrechen, sondern du wirst denken: „Jetzt habe ich schon mal angefangen, jetzt kann ich auch die 15 Minuten voll machen."

Wichtig ist, dass du dir die Wahl lässt: Du gibst dir wirklich die Erlaubnis nur 1 Minute zu meditieren. Wenn du mal wirklich keine Lust hast die ganzen 15 bis 20 Minuten zu meditieren, so hast du die Freiheit, tatsächlich nach 1 Minute aufzuhören. Aber keine Angst, es wird nicht häufig vorkommen, dass du nach 1 Minute schon aufhörst. Denn du möchtest ja 15 bis 20 Minuten meditieren.

Warum funktionieren Mini-Gewohnheiten?

- **Gewohnheiten problemlos bilden**: Wie du oben gesehen hast, ist es mühevoll, Gewohnheiten zu bilden. Unser Gehirn ist vorsichtig: Sind Gewohnheiten erst einmal etabliert, sind sie schwierig loszuwerden. Durch *Mini-Gewohnheiten* wird unser Gehirn an neue, regelmäßige Handlungen gewöhnt. Das Gehirn freundet sich also damit an, dass täglich meditiert wird, auch wenn es nur drei Minuten sind. Dadurch fällt es dem Gehirn später leichter, diese Gewohnheiten auszubauen, d.h., 10 Minuten oder 20 oder 30 Minuten zu meditieren.
- **Status-quo-Verzerrung**: Dies ist ein Ausdruck aus der Psychologie. Der Mensch mag keine Veränderungen – er bevorzugt den Status quo. Je größer die Veränderung, desto schwieriger ist es: Das Gehirn mag keine großen Modifikationen. Deswegen fällt es uns so schwer, plötzlich

---

[1] Schiffman / Greist-Bousquet (1992): „The effect of task interruption and closure on perceived duration." *Bulletin of the Psychonomic Society*, Vol 30(1), Jan 1992, 9-11.

täglich 15-20 Minuten zu meditieren. Das Gehirn legt uns Widerstände in den Weg. Es verkraftet es viel besser, wenn die Anpassungen klein sind. Dies ist keine Bedrohung. 1 Minute meditieren täglich ist für unser Gehirn kein Problem. Deswegen sind *Mini-Gewohnheiten* „gehirn-gerecht".

- **Tägliche Erfolgserlebnisse**: Eine Minute täglich zu meditieren, das schaffen wir. Dagegen 15 bis 20 Minuten zu meditieren, das bewältigen wir am Anfang, aber nach einer Weile lassen wir es schleifen. Das Meditieren lassen wir immer häufiger ausfallen. Das ist ein Rückschlag und tut unserem Selbstwertgefühl nicht gut. Eine *Mini-Gewohnheit* dagegen können wir immer durchführen. Eine Minute zu meditieren ist ein Kinderspiel. Das bedeutet, wir haben täglich ein Erfolgserlebnis, was unserem Selbstwertgefühl guttut.

Mini-Gewohnheiten sind eine kluge Strategie. Die Meditationen in diesem Buch sind sehr wirksam und allesamt wissenschaftlich getestet. Sie nutzen aber nichts, wenn wir sie nicht anwenden. Ganz ehrlich? Ich kann manchmal ganz schön bequem sein. Bei mir hat das Konzept der *Mini-Gewohnheiten* hervorragend funktioniert.

Ich habe noch einen Tipp für dich. Er verstärkt ebenfalls die schnelle Gewohnheitsbildung. Wenn du Meditationen in dein Leben integrieren möchtest, so habe ich zwei Empfehlungen, die dir das Leben erleichtern:

Füge die Meditation deiner Morgen- oder Abendroutine bei. Ich selbst habe viele Jahre sogar morgens und abends meditiert. Das hat mir sehr gutgetan und ich weiß gar nicht, warum ich das nicht mehr mache. Jetzt meditiere ich nur noch einmal täglich, was aber auch schon gut ist.

Wenn du Meditation einer Routine beifügst, so wird ein Automatismus in Gang gesetzt: Beispielsweise könnte eine Morgenroutine so aussehen: Du stehst auf und trinkst ein großes Glas Wasser. Danach putzt du dir die Zähne. Anschließend machst du eine Nasenspülung. Und dann begibst du dich zu deinem Meditationsplatz und fängst an zu meditieren.

Eine Routine hat den Vorteil, dass wenn du den ersten Schritt gemacht hast, dann laufen die weiteren Schritte fast automatisch ab. Diesen Effekt sollten wir uns zunutze machen: Deswegen empfehle ich dir, zumindest eine Morgenroutine einzuführen. Nach dem Schlafen sind wir frisch und ausgeruht und es fällt uns recht leicht, eine Morgenroutine durchzuführen. Falls du motiviert bist, eine Abendroutine ist Gold wert. Sie kann dich wunderbar auf das Schlafen vorbereiten. Ein Beispiel für eine Abendroutine wäre, wenn du erst dein Schlafzimmer zum Schlafen vorbereitest, dann ein paar Dehnungsübungen machst und anschließend meditierst.

Taktik #2: Motivation

Gerade am Anfang können wir die Kraft der Motivation nutzen. Alles was neu ist, fasziniert und motiviert uns. D.h., wenn wir eine Handlung abwechslungsreich gestalten, dann können wir die Motivationsphase verlängern. Diesen Mechanismus haben wir in diesem Meditationsprogramm genutzt. In den ersten zehn Tagen wirst du jeden Tag eine neue Meditationsform kennenlernen. Und diese Meditationen sind sehr unterschiedlich. Es wird dir also immer etwas Neues geboten und die Motivation wird so zumindest die ersten zehn Tage hochgehalten. D.h. es dürfte kein Problem sein, diese ersten zehn Tage durchzuhalten.

Ein weiterer Grund, dass wir dir diese verschiedenen Meditationstechniken zeigen, ist der, dass du so einen Überblick über die bunte Welt der Meditationen erhältst. Du kannst dir dann die Meditationen heraussuchen, die dich am meisten ansprechen, welche dir am leichtesten fallen und den größten Effekt haben.

Gründe: Du möchtest meditieren. Warum? Wenn du dir immer wieder deine Gründe bewusst machst, so ist dies eine andauernde Quelle der Motivation. Es gibt zwei Arten der Motivation:

- **Negative Motivation**: Das ist übrigens nichts Schlechtes. Es bedeutet, dass du etwas vermeiden möchtest. Vielleicht möchtest du verhindern, krank zu werden, deinen Job zu verlieren oder Ängste zu verstärken. Das kann oft einen starken Antrieb darstellen. Überlege, welche negativen Gründe du hast.
- **Positive Motivation**: Das bedeutet, du möchtest etwas erreichen. Vielleicht möchtest du meditieren, um entspannter zu werden oder gesünder. Oder du willst meditieren, um dich besser konzentrieren zu können oder jünger auszusehen. Vielleicht fühlst du dich in der Meditationsgruppe um die Ecke sehr wohl und das kann deine Motivation sein. Überlege, welche positiven Anreize du hast.

Übung: 5 Gründe
Deine Aufgabe ist nun, dass du ein Blatt Papier nimmst und ohne innere Zensur alle Gründe aufschreibst, die dir einfallen. Du kannst es selbstverständlich auch auf deinem Notebook machen. Wichtig ist, dass du es frei machst, ohne innere Zensur. Lass es fließen. Es muss nicht geordnet sein. Schreib einfach drauflos.

Nun hast du vielleicht ein ganzes Blatt oder sogar zwei vollgeschrieben. Suche dir nun die fünf wichtigsten Gründe heraus. Du kannst natürlich später die Gründe noch ändern.

Wenn du jetzt Motivationsprobleme hast, kannst du dir diese Gründe vor Augen führen. Du kannst sie an deinen Kühlschrank hängen, kannst sie in dein Handy eingeben und dir regelmäßig anzeigen lassen oder du kannst sie morgens nach dem Aufstehen aufsagen. Du kannst sie auch als Affirmation benutzen: Das bedeutet, wenn du gerade keine Motivation hast, dann führst du dir diese fünf Gründe vor Augen.

Taktik #3: Willensstärke

Auch wenn wir die Motivationsphase verlängern und die Gewohnheitsphase verkürzen, so bleibt doch eine Durststrecke. In dieser verlassen wir uns hauptsächlich auf unsere Willensstärke oder Disziplin. Um unsere Willensstärke zu fördern, können wir auch die fünf Gründe der Motivation benutzen. Dies kann uns einen kurzfristigen Motivationsschub geben. Eine weitere großartige Methode, um unsere Willensstärke zu erhöhen und die Durststrecke zu überwinden ist es, eine **Challenge** einzugehen. Die Durststrecke wird zwischen 10 und 30 Tage betragen. In der Challenge verpflichten wir uns, täglich zu meditieren und das für 30 Tage. So können wir sicher sein, dass wir dann schon in die Gewohnheitsphase übergegangen sind. D.h., Meditation ist schon zu einer Gewohnheit geworden und das ist das Ziel, was wir erreichen möchten.

Ein paar Tipps, wie du dich besser festlegen kannst:

Lege dich fest mit StickK.com: Bei dieser Seite geht es darum, dir noch einen zusätzlichen Motivationsschub zu geben, um Gewohnheiten aufzubauen. Beispielsweise möchtest du ab morgen täglich meditieren. Du hast bei *StickK.com* die Möglichkeit Geld einzuzahlen. Du verlierst dein Geld, wenn du nicht täglich meditierst. Das kann sehr motivierend sein. Es sollte ein Betrag sein, der schmerzt, falls du ihn verlierst. Also nicht fünf Euro, sondern eher 200 €. Die Webseite *StikK.com* ist gut gemacht. Es gibt dort noch andere Möglichkeiten, sich festzulegen. Schaue dir die Seite an – es lohnt sich.

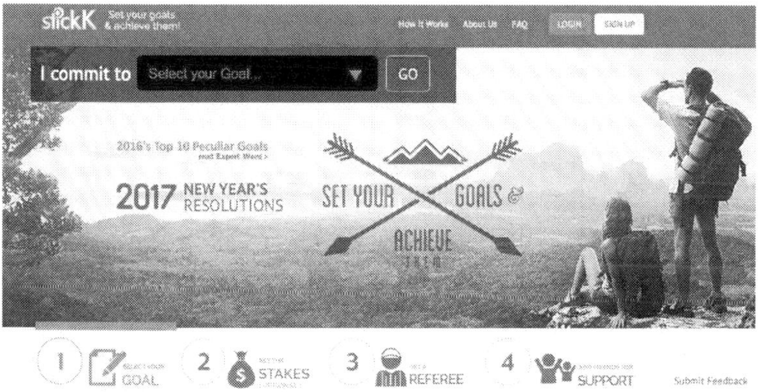

Eine weitere Möglichkeit, dich festzulegen ist es, wenn du dein Vorhaben täglich zu meditieren, deinen Freunden oder deinem Partner erzählst. Dadurch entsteht ein Druck, denn du möchtest dich nicht vor deinen Freunden blamieren.

Die 5-Sekunden-Technik: Ich empfehle dir noch eine weitere einfache, aber geniale Technik, und zwar die 5-Sekunden-Methode. Sie funktioniert folgendermaßen: Angenommen du hast dir vorgenommen, abends zu meditieren. Nach dem Abendessen kommt dir der Gedanke: „Jetzt könnte ich eigentlich meditieren." Nennen wir es **Handlungsgedanken**. Nach diesem Gedanken zählst du einfach von 5 bis 1 rückwärts und handelst. Du stehst also auf, gehst zu deinem Meditations-Platz, setzt sich auf den Stuhl und fängst an zu meditieren.

Was ist daran genial? Nun, normalerweise folgen nach dem Handlungsgedanken: „Jetzt könnte ich eigentlich meditieren" Ausreden. Unser innerer Schweinehund meldet sich zu Wort und fängt an zu jammern. Er findet zahlreiche Ausreden: „Ah, nach dem Abendessen sollte ich doch eigentlich nicht meditieren. Ich bin auch schon ganz schläfrig, da wird die Meditation eh nichts! Ich werde lieber meine Lieblings-Serie schauen und dann kann ich danach noch meditieren." So, oder so ähnlich lauten unsere Ausreden und wahrscheinlich werden wir nicht meditieren. Das folgende Bild illustriert dies.

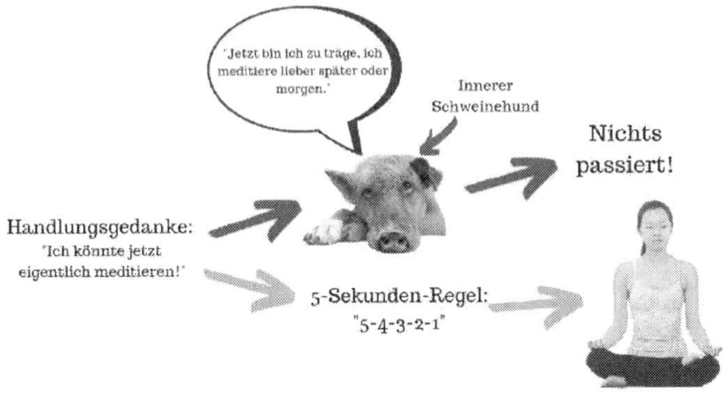

Die 5-Sekunden-Regel verhindert, dass diese Ausreden auftauchen, denn wir zählen von 5 bis 1 rückwärts. Das bedeutet, die Wahrscheinlichkeit, dass wir handeln, also uns zur Meditation aufraffen, steigt enorm an.

Die 5-Sekunden-Regel ist simpel, funktioniert aber wunderbar. Deswegen empfehle ich, dass du sie in dein Repertoire aufnimmst.

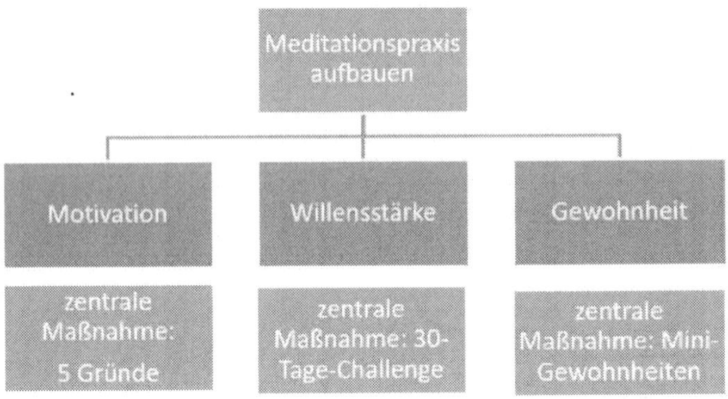

Die Abbildung zeigt nochmal die 3 Bausteine, die wichtig sind, um eine langfristige Meditationspraxis aufzubauen: Motivation, Willensstärke und Gewohnheit.

In den grünen Feldern darunter siehst du jeweils die wichtigsten Maßnahmen. Im Text wurden noch mehr genannt, wie z. B. die großartige 5-Sekunden-Regel, aber die wichtigste Maßnahme sind Mini-Gewohnheiten.

Die 4 einfachen Schritte

Das war jetzt eine Menge Theorie. Aber es war notwendig, eine gute Grundlage zu schaffen, um ein effektives Meditations-Programm aufzubauen, welches du langfristig anwenden wirst.

In meiner eigenen Praxis und derer meiner Klienten sind Meilensteine ein wichtiges Werkzeug. Dabei setzen wir uns bestimmte Ziele, die zu dem Gesamtziel beitragen. Unser Gesamtziel ist es, dass du eine langfristige Meditationspraxis aufbaust. In diesem Programm hast du zwei Meilensteine:

1. Meilenstein: Das zehn Tage Programm: Den ersten Meilenstein hast du erreicht, wenn du die ersten zehn Tage lang durchgehalten hast.

2. Meilenstein: 30 Tage: Den zweiten Meilenstein hast du erreicht, wenn du insgesamt 30 Tage lang täglich meditiert hast. Nach 30 Tagen können wir annehmen, dass Meditation zu einer Gewohnheit geworden ist.

1. Schritt: 10-Tage-Programm

Im ersten Schritt wendest du einfach das zehn Tage Programm an. Das bedeutet, du wirst jeden Tag eine andere Meditation praktizieren. Am Anfang haben wir eine große Motivation und da das Programm die ersten zehn Tage sehr abwechslungsreich ist, wird es vermutlich kein Problem sein, die ersten zehn Tage durchzuhalten.

Falls doch Motivations-Probleme auftauchen, so wende die Übung *5 Gründe* an. Vergegenwärtige dir, warum du meditierst. Du kannst dir sogar vor jeder Meditation vor Augen führen, warum du meditierst, warum es wichtig für dich ist.

Wenn du die zehn Tage geschafft hast, so belohne dich. Gönne dir was richtig Gutes. Eine Massage, ein schönes Essen mit deinem Partner, ein richtig großes Eis. Dir wird schon etwas Gutes einfallen. Wichtig ist, dass du dir nach diesen zehn Tagen bewusst machst, dass du wirklich etwas Großes geleistet hast: Du hast deinen ersten Meilenstein geschafft.

2. Schritt: Vorbereitung auf die Durststrecke

Nach den zehn Tagen Meditation möchte ich, dass du dir einen Tag

Pause von der Meditation nimmst. Du hast aber nicht richtig frei. Dieser Tag gilt der Vorbereitung. Denn jetzt beginnt die Durststrecke. Deine Motivation ist nicht mehr so stark, wie die ersten Tage und Meditation ist noch keine Gewohnheit geworden. D.h., hier musst du einige Hebel benutzen, um diese Durststrecke durchzuhalten.

Morgen fängt die **Challenge** an. Es geht darum, dass du die nächsten 30 Tage täglich (oder sechs mal die Woche) meditierst. Damit du diese Challenge durchhältst, habe ich einige richtig gute Vorschläge:

- Melde dich bei StickK.com an: Auf dieser Seite gibt es mehrere Möglichkeiten, die dir einen starken Antrieb geben, die Challenge durchzuhalten. Du kannst dir einen **Referee** auswählen, dem du über deine Meditationsfortschritte Bericht erstattest. Du kannst auch einen **Geldbetrag** festlegen, zum Beispiel 300€, die du verlierst, falls du deine Meditationspraxis schleifen lässt. Übrigens diese 300€ gehen nicht an die Seite Stick.com, sondern du kannst sie beispielsweise spenden. Du kannst auch **Support** einladen, die dich loben und anfeuern auf dem Wege zu deiner Meditationspraxis. Du siehst, es gibt einige Möglichkeiten auf dieser Website, die dich motivieren.

  Das ist meine **Hauptempfehlung**! Ich empfehle dir, sowohl einen Geldbetrag einzusetzen als auch einen Referee einzuladen. Wenn du beides machst, so ist es fast unmöglich, dass du die Durststrecke nicht überwindest.
- **Meditationsgruppe**: Eine weitere Möglichkeit ist es, einer Meditationsgruppe beizutreten. Solche gibt es im Internet oder sicherlich auch in deiner Umgebung.

Falls du es noch nicht getan hast, so ist jetzt der Zeitpunkt, wo du die Übung „**5 Gründe**" machst. Es ist wichtig für dein Durchhaltevermögen, dass du dir deiner Gründe bewusst wirst. Diese Gründe kannst du dann jederzeit vergegenwärtigen, wenn du etwas Motivation brauchst.

Suche dir mehrere Meditationen aus, die dir besonders zugesagt haben. Es sollten zwischen zwei und vier sein.

Michael wählte die Meditationen „Lang-Lebe-Atmung", „Atem-Meditation" und „Body-Scan". Diese drei Meditationen hatten ihm sehr gutgetan und sie waren eine ausgewogene Mischung zwischen entspannenden und energetischen Effekten.

Diese Meditationen wirst du in der 30 Tage Challenge verwenden.

3.Schritt: 30-Tage-Challenge

Nun geht's los! Gestern hast du dich vorbereitet und heute ist der erste Tag deiner 30 Tage Challenge. D.h., von nun an wirst du jeden Tag meditieren oder zumindest sechsmal die Woche.

Benutze hierzu deine favorisierten Meditationen. Du kannst wild mischen, d.h., je nachdem wozu du heute Lust hast, diese Meditationsform wählst du.

Michael wählte einen anderen Ansatz: In der ersten Woche praktizierte er den Body-Scan. In der zweiten Woche die Lang-Lebe-Atmung und in der dritten und vierten Woche die Atemmeditation.

Als Unterstützungstechniken hatten wir oben 3 Möglichkeiten kennengelernt:

1. Mini-Gewohnheiten: Schau, wie es dir mit der Meditation geht. Mit den Techniken der Challenge (Geldbetrag, Referee) ist oftmals gesichert, dass du die Durststrecke bzw. die 30-Tage-Challenge durchhältst. Wenn du aber das Gefühl hast, es reicht nicht, dann wende die Technik Mini-Gewohnheiten an, d.h., du nimmst dir einfach nur vor 1 Minute zu praktizieren. Mit dieser Methode wirst du die 30 Tage garantiert durchhalten.

Tipp: Wenn du Mini-Gewohnheiten anwendest, solltest du eins beachten: Stoppe die Meditation nur in einem guten Zustand. D.h., wenn du dich gerade entspannt und wohl fühlst, aber trotzdem keine Lust hast fortzufahren, dann beende die Meditation. Es ist nicht gut, wenn du die Meditation abbrichst, wenn negative Gedanken oder Gefühle auftauchen, denn zum einen beendest du die Meditation dann in einem unguten Gefühl. Das sollte nicht sein. Zum anderen besteht hier der Anreiz, jedes Mal aufzuhören, wenn die Meditation mal gerade nicht so gut läuft. Außerdem ist die Meditation dafür gedacht, dass du siehst, dass negative Gedanken und Gefühle kommen und gehen. In unserem Alltagsleben haben wir die Tendenz, unsere negativen Gedanken und Gefühle zu verdrängen. Ängste tauchen auf und wir genehmigen uns ein Bier oder wir schauen exzessiv Fernsehen. Wir machen dies, weil wir unsere negativen Gedanken und Gefühle nicht bewusst wahrnehmen möchten, wir verdrängen sie. Das ist ein ungünstiges Muster, denn dadurch werden negative Gedanken und Gefühle noch verstärkt. In der Meditation üben wir stattdessen, negativen Gedanken und Gefühlen standzuhalten. Wir verdrängen sie nicht, sondern wir fühlen sie. Das ist eine sehr wichtige Fähigkeit, die wir in der Meditation lernen. Deswegen sollten wir eine Meditation nur im Sinne der Mini-Gewohnheit stoppen, wenn wir uns gerade gut fühlen.

2. Routinen: Wie oben besprochen, sind Morgen- oder Abendroutinen eine hervorragende Möglichkeit, um unsere Durststrecke zu überwinden. Ich empfehle eine Morgen-Routine. Wenn du diese ganzen Tipps anwendest, so wirst du garantiert die 30-Tage-Challenge schaffen. Wenn du die bewältigt hast, dann ist deine Meditation zu einer Gewohnheit geworden oder zumindest zu einer 80 prozentigen Gewohnheit. Und das wollen wir!

Wenn du die 30 Tage Challenge geschafft hast, vergiss nicht, dich zu belohnen. Du hast etwas Wertvolles in dein Leben gebracht: Du bist jetzt offiziell ein Meditierer. Du wirst sehen, wie sich dein Leben bereichert. Ich vermute, dass du schon Veränderungen erlebt hast in den vergangenen 40 Tagen, also belohne dich: Eine Massage, vielleicht ein kleiner Urlaub, ein dickes Steak mit einem Freund, je nachdem was für dich eine Belohnung ist. Wenn du dir diese Belohnung gönnst, so mache dir bewusst, dass du etwas Tolles erreicht hast.

3. Verbündete: Die dritte Möglichkeit besteht darin, dass du Freunde oder deinen Partner einweihst. Allein, dass dein Freund es weiß, wird dich motivieren, die 30-Tage-Challenge durchzuhalten. Du kannst aber auch einen Schritt weitergehen und ihn bitten, dass er deine Fortschritte verfolgt. Du kannst ihm beispielsweise jede Woche Bericht erstatten.

Du kannst deinen Freund fragen, ob er nicht Lust hat, die 30-Tage-Challenge mit dir zusammen zu machen. Das wäre eine wunderbare Motivation, die dir eine große Hilfe bei der Durststrecke wäre.

Einen Verbündeten mit einzubeziehen kann sehr motivierend sein. Du kannst ihn auch fragen, ob er dich mit eigenen Ideen unterstützt: So kann er die Belohnung für dich auswählen, er kann dich loben, wenn du die erste Woche durchgehalten hast usw.

4. Schritt: Weitere Meilensteine

Wie geht es nach den 40 Tagen weiter? Du kannst einfach jede Unterstützungstechnik, wie Stick.com, Minigewohnheiten usw. behutsam fallen lassen. Es sind Krücken, die du jetzt nicht mehr brauchst. Die Meditationspraxis ist zu einer Gewohnheit geworden und du kannst die unterstützenden Techniken weglassen. Falls du aber das Gefühl hast, dass du die eine oder andere Unterstützung-Technik, wie bspw. Mini-Gewohnheiten noch brauchst, so ist das natürlich völlig o. k. Die Hauptsache ist, dass du meditierst! Nur langfristig solltest du die Unterstützungstechniken abbauen.

Du kannst dir auch weitere Meilensteine setzen: Vielleicht kannst du eine weitere 30-Tage-Challenge starten. Oder du setzt einen dritten Meilenstein nach sechs Monaten. Da kannst du kreativ sein.

Vergiss nicht: Nach jedem Meilenstein, den du bewältigt hast, belohne dich!

Das war der Überblick über das gesamte Programm. Ich würde mich wirklich sehr freuen, wenn du Meditation langfristig in dein Leben integrierst. Es ist wirklich einer der wichtigsten Dinge, die du für ein gutes Leben machen kannst.

Kurze Zusammenfassung

- Meditation wird dein Leben ungemein bereichern. Es gibt allerdings einen dicken Haken: Du musst die Meditation auch anwenden. Daran scheitert ein Großteil der Menschen, die es mit Meditation versuchen. Meditation kann nur ihre wunderbaren Effekte entfalten, wenn du langfristig meditierst.
- Das zu erreichen, ist gar nicht einfach, deswegen scheitern auch so viele. Mit der Get-It-Done-Methode habe ich dir ein ausgeklügeltes System vorgestellt, mit dem du es schaffen wirst!
- Der Schlüssel ist, dass du aus deiner Meditationspraxis eine Gewohnheit machst. Gewohnheiten laufen automatisch ab und sind mühelos. Das möchten wir für deine Meditationspraxis ebenfalls erreichen.
- Das große Hindernis, eine Gewohnheit zu entwickeln, ist die **Durststrecke**: Das ist der Zeitraum, nachdem die Motivation schon wesentlich nachgelassen hat und sich die Gewohnheit noch nicht gebildet hat. In der Durststrecke verlassen wir uns ausschließlich auf unsere Willensstärke bzw. Disziplin. Wie wir die Durststrecke verkürzen und überwinden, das hast du in diesem Kapitel erfahren.
- Die 4 Schritte sind eine genaue Anleitung, wie du Meditation langfristig in dein Leben bringst.

Bonus: Eine Mini-Meditationen für Zwischendurch

BELL ist eine Technik, die aus mehreren Elementen zusammengesetzt ist, die schon für sich alleine großartig wirken. Diese Technik ist in wenigen Sekunden gemacht. Sie ist also eine wunderbare Mini-Meditation, die du jederzeit im Alltag anwenden kannst. Sie wirkt entspannend, gegen Stress und sogar gegen Ängste.

BELL ist vom Autor dieses Buches entwickelt worden. Sie ist eine neue Generation von Achtsamkeitstechniken.

„Bell" heißt Glocke. Damit ist die Dharma-Glocke gemeint. In buddhistischen Klöstern wird in unregelmäßigen Abständen eine Glocke geläutet. Beim Ton der Glocke halten alle Mönche inne und werden achtsam. Die Glocke ist eine Erinnerung.

Aktionsplan

Ziel: Schnelle Entspannung, wirkt gegen negative Gefühle, Achtsamkeit

Aktionsplan

BELL ist ein Akronym. Jeder Buchstabe repräsentiert einen Schritt der Technik.

B = Bauchatmung: Atme durch die Nase tief in den Bauch ein, so dass er sich nach außen wölbt. Das signalisiert dem Gehirn, dass keine Gefahr mehr droht. Denn bei Angst und Stress atmen wir flach und schnell in den Brustkorb. Deswegen ist eine tiefe Bauchatmung ein großartiges Gegenmittel gegen Ängste und Stress.

E = Entspanne deinen Körper: Beim Ausatmen lässt du deine Schultern fallen und entspannst kurz alle Muskeln. Am Anfang reicht es aus, wenn du nur deine Schultern fallen lässt, denn oft steckt unsere Anspannung in unseren Schultern und Nacken. Das Ziel nach einiger Übung sollte es allerdings sein, dass du kurz durch deinen gesamten Körper scannst und alle deine Muskeln einmal entspannst. Mit etwas Übung geht das ganz schnell. Bei Angst und Stress spannen wir uns an. Eine bewusste Entspannung wirkt wunderbar dagegen.

L = Lächle: Lächle so breit es geht. Zeige deine Zähne! Dir muss nicht nach Lächeln zumute sein. Tu so als ob. Lächeln hat immer, gefaked oder nicht, einen entspannenden Effekt.

L = Lebensenergie im Körper: Richte, so lange es geht, deine Aufmerksamkeit auf deine Körperenergie. Spüre in deinen Körper. Bemerkst du feine Vibrationen und Kribbeln? Das ist deine Körperenergie.

Wann? Wie oft? Die Formel ist 3 x 3: Das heißt, du praktizierst BELL dreimal nacheinander und dreimal am Tag. Zusätzlich kannst du die Technik jederzeit zwischendurch anwenden, wenn du schnell etwas Entspannung brauchst. Am besten solltest du die Sequenz auch hier dreimal wiederholen.

Tipps & Tricks

- **Tipp**: Je länger du ausatmest, desto stärker ist der entspannende Effekt.
- **Körperenergie**: Es ist sehr entspannend, wenn du deine Aufmerksamkeit auf deine Körperenergie richtest. Bleibe dabei so lange es geht. Mit etwas Training kannst du Stunden dabei bleiben. Du wirst sehen, dass es sehr wohltuend ist. Damit entziehst du deinen Gedanken die Aufmerksamkeit.

  Tipp: Du kannst deine Aufmerksamkeit auch auf einen Punkt richten und dort deine Körperenergie spüren. Ich empfehle dafür die Mitte deiner Brust. Dort liegt das Herz-Chakra. Dies ist ein wichtiges Energiezentrum. Richte also deine Aufmerksamkeit einfach auf dein Herz-Chakra und versuche, die feinen Vibrationen oder ein Kribbeln zu spüren.
- **Körperenergie - eine kurze Übung**: Schließe deine Augen und spüre in den Körper hinein. Richte deine Aufmerksamkeit auf deine rechte Hand. Spürst du das leichte Kribbeln und Vibrieren? Gehe durch deinen ganzen Körper, überall spürst du diese Vibrationen und das Kribbeln. Eckhard Tolle nennt dies den **inneren Körper**. Du kannst dir gerne auf *YouTube* dazu eine geführte Meditation anhören: http://tinyurl.com/innererKoerper
- **Augen schließen**: Wenn du kannst, schließe dabei die Augen und spüre in deinen Körper hinein.

- **Je mehr, desto besser**: Mehr als 3 Atemzüge sind noch besser. Du kannst daraus auch eine Art Meditation machen und die Technik für 10 bis 15 Minuten praktizieren.
- Atme mit einem Aaahhhh-Seufzer aus. Das tut gut.
- **Wirkung auf mehreren Ebenen**: Ängste und Stress gehen mit flacher, schneller Atmung und körperlicher Anspannung einher. In dieser Technik entspannst du bewusst deine Muskeln und atmest tief und langsam. Das wirkt automatisch sehr entspannend. Hinzu kommt „lächeln". Das hebt sofort deine Stimmung. Wenn du danach deine Körperenergie spürst, ziehst du damit die Energie von deinen negativen Gedanken ab. BELL wirkt also auf mehreren Ebenen gegen Anspannung.

Irena praktiziert BELL sechs Mal täglich, jeweils drei Mal. „Ich bin viel beschäftigt und Meditation kriege ich irgendwie nicht hin", begründet sie. „Sechs Mal pro Tag ist viel, aber ich spüre ganz deutlich den Effekt. Ich bin deutlich gelassener. Davor war ich unruhig, habe mich ständig beeilt, auch wenn ich es gar nicht musste. Ich litt sogar unter Ängsten, die bezogen sich hauptsächlich auf meinen Job und meine kleine Tochter. Sie ist so zart und oft krank. Wenn unangenehme Gefühle auftauchen oder ich in Hektik gerate, mache ich sofort BELL. Das hilft. Am Anfang habe ich oft nicht gemerkt, wenn ich hektisch wurde, das war schon normal für mich, aber mit der Zeit bin ich achtsam dafür geworden und schaffe es jetzt immer häufiger, diese Gewohnheit mittels BELL zu durchbrechen."

Ressourcen

BELL ist in meinem Buch „Freudvolle Achtsamkeit" erstmalig dargestellt. In diesem Buch findest du insgesamt 50 Gewohnheiten, um glücklich im Hier und Jetzt zu leben.

Audio-Meditation zum Gratis Download

Du erhältst von mir vier Audio-Meditationen als Geschenk, die ich selbst gesprochen habe. Unter diesem Link kannst du sie dir unverbindlich und gratis herunterladen:

https://detlefbeeker.de/4-audio/

Diese Meditationen erwarten dich:

Kirtan Kriya Meditation:

Die Kirtan Kriya Meditation nutzt Mantras, Mudras und Visualisierungen, um schnell Energie und Entspannung aufzubauen. Sie ist sehr effizient, da sie nur 12 Minuten dauert. Besonders gestresste Menschen, die viele Gedanken haben, profitieren von ihr.

Energie-Meditation:

Die Energie-Meditation baut sehr schnell Energie auf und Stress ab. Sie wirkt auf mehreren Ebenen, da Atemtechniken mit Ansätzen aus dem Kundalini-Yoga und Mudras verbunden werden. Langfristig angewendet kann diese Meditation heilen.

Atem-Meditation:

Die Atem-Meditation ist die weitverbreitetste Meditationsform. Sie ist simpel, da der Meditierende einfach nur seine Aufmerksamkeit auf den Atem richtet. Sie wirkt sehr entspannend.

Body-Scan:

Der Body-Scan ist herrlich entspannend. Dabei legen wir uns hin und gehen mit unserer Aufmerksamkeit durch den ganzen Körper. Dadurch werden körperliche und geistige Spannungen abgebaut.

Zusammenfassung

- Meditation ist wie Ping Pong. Deine Aufmerksamkeit wechselt zwischen Meditationsobjekt und Gedanken hin und her.
- Meditation hat unglaublich viele positive Effekte für Körper und Geist: Du wirst glücklicher, Stress, Ängste und Depressionen werden erheblich abgebaut. Meditation macht dich stärker. Dein Immunsystem wird verbessert und du wirst sogar verjüngt.
- Was brauchst du zur Meditation? Eigentlich nur eine Sache: Einen Timer. Den kannst du dir kostenlos als App herunterladen, aber es gibt viele weitere Dinge, über die du nachdenken und welche du dir anschaffen kannst: Einen schön gestalteten Meditationsplatz, ein Meditationskissen oder -Bank. Was macht man eigentlich mit seinen Beinen und Händen? Der bekannteste Meditationssitz ist der Lotus-Sitz. Es gibt spezifische Handhaltungen bei der Meditation, die sogenannten Mudras. Ich selbst meditiere gerne auf einem Stuhl, mit den Händen auf den Oberschenkeln.
- M.A.U.S ist eine geniale Formel, damit du erfolgreich meditieren kannst. M = Meditationsdauer, A = Absichtslosigkeit, U = Umgang mit negativen Gefühlen und Gedanken, S = Spielerisch bleiben.
- Dieses Buch enthält zehn interessante und starke Meditationen. So gut wie alle Meditationen sind sehr einfach, ein oder zwei etwas komplizierter, aber nichts, was man nicht schaffen könnte. Die meisten Meditationen legen ihren Schwerpunkt auf Entspannung bzw. innere Stille. Andere Meditationen sind eher energetisch orientiert. Ich habe dir einen bunten Strauß der besten Meditationen zusammengestellt. Für zehn Tage gibt es jeden Tag eine andere Meditation. Dies hat zum einen den Zweck, dass du die für dich passende Meditation herausfinden kannst. In den meisten Kursen lernst du nur eine Meditation kennen. Die Wahrscheinlichkeit ist nicht gering, dass dir diese Meditation gar nicht liegt. Deswegen hast du hier zehn zur Auswahl. Außerdem wird es dir leichter fallen, bei der Stange zu bleiben, wenn das Programm abwechslungsreich ist.
- Meditation ist kein Sprint, sondern ein Marathon. Meditation

wirkt, wissenschaftlich erwiesen, zwar schon nach einer Woche, aber wenn wir dann aufhören, ist die positive Wirkung weg. Damit sich die vielen positiven Effekte der Meditation in deinem Leben entfalten können, solltest du dich entscheiden, eine langfristige Meditationspraxis aufzubauen.

- Das ist nicht einfach, und die meisten scheitern daran. Unter anderem deswegen, weil sich viele Meditation-Kurse nicht darum kümmern. Da ich möchte, dass Meditation einen Unterschied in deinem Leben macht, habe ich dir die *Get-It-Done-Methode* vorgestellt. Sie ist ein, auf wissenschaftlicher Grundlage, ausgeklügeltes System, welches es dir nahezu mühelos ermöglicht, eine langfristige Meditationspraxis aufzubauen.
- Der Schlüssel zu einer mühelosen Meditationspraxis ist, sie zu einer Gewohnheit zu machen. Das größte Hindernis ist die so genannte Durststrecke. Sie gilt es zu überwinden. Wie du das machst, ist in der *Get-It-Done-Methode* genau beschrieben.

Über den Autor

„Das Universum ist freundlich"

Internationaler Amazon-Bestseller-Autor Prof. Dr. Detlef Beeker ist Glückswissenschaftler und Anti-Stress-Experte. Er forscht auf diesen Gebieten seit mehr als 20 Jahren und hat zahlreiche Ratgeber geschrieben. Detlef ist nicht nur Theoretiker, sondern auch Anwender: Unter anderem meditiert er seit über 20 Jahren.

Zu viele Selbsthilfe-Ratgeber geben dir große Ideen, zeigen aber nicht, wie sie konkret anwendbar sind. Detlef Beeker bietet in seinen Büchern praktische Methoden und Schritt-für-Schritt-Anleitungen, die du sofort umsetzen kannst.

Mit 7 Jahren hatte er bereits seine Bestimmung gefunden: „Ich möchte Vorkoster in einer Puddingfabrik werden“, verkündete er seiner Mum. Obwohl sich seine Berufung seitdem geändert hat, so ist sein tiefer Wunsch geblieben, die Welt ein klein wenig besser zu machen.

Besuche seine Webseite http://detlefbeeker.de/. Dort warten hilfreiche Tipps und Tricks auf dich sowie eine Aufmerksamkeit.

Ein kleines Anliegen

Falls dir das Buch gefallen hat und du es sogar hilfreich fandest, möchte ich dich um einen kleinen Gefallen bitten. Er kostet dich nichts, würde mir aber enorm helfen. Ich wäre dir sehr dankbar, wenn du dir ein paar Sekunden Zeit nehmen und mich bewerten würdest. Dafür gehe auf die Buchseite. Ganz unten auf der Seite meines Buchs findest du den Button:

Kundenrezension verfassen

Den klicke an und los geht's! Zwei-drei Sätze reichen aus. Vielleicht erscheint es unwichtig, aber jede einzelne Bewertung zählt. Dein positives Feedback hilft mir, weiterhin als freier Autor zu arbeiten und Bücher zu schreiben, die den Menschen helfen.

Vielen lieben Dank!

Dein

Detlef Beeker

Webseite des Autors: http://detlefbeeker.de/

Impressum

Prof. Dr. Detlef Beeker

info@genius-books.de

Auflage 1; 2020

Kontakt:
"Genius Books"
Athina Crane
Mittenwalder Str. 5A
82467 Garmisch-Partenkirchen
info@genius-books.de

Covergestaltung: GENIUS BOOKS
Coverfoto: www.depositphotos.com

Printed in Poland
by Amazon Fulfillment
Poland Sp. z o.o., Wrocław

64277573R00083